口の中をほぐせば小顔美人になれる！

名医が教える30秒メソッド

青山高橋矯正歯科医院院長
三上康代

宝島社

はじめに

皆さんのお顔は、日々の習慣によって作られています。

たとえば、フェイスライン、笑ったときの口角、目の開き具合などに左右差はありませんか？　こうした「顔のゆがみ」は、生活習慣や身体の動かし方のクセで進んでしまいます。でも、ご安心ください。**私たちは意識を変えることで、ゆがみのない美しいフェイスラインや、明るくハッピーな印象を与える笑顔を、自分で育てることができるのです。**

私は長年、矯正治療を通して多くの患者さんを診察してきました。たくさんの方のお口を診るなかで、今では初めての患者さんでも、お口の中を見れば、その人の暮らしぶりや身体の状態がわかるほど。私のことを「歯の占い師」と呼んでくださる方もいらっしゃいます。それほどに、お口の中の環境や歯並び、噛み合わせには、その人の日常生活、引いては人生が現れているといっても過言ではありません。

これまで多くの歯を磨き続けてきた経験から、**健康で美しい歯を保ち続けるために、正しい歯磨きや、歯周病や食いしばりを予防するセルフケア**を患者さんにお伝えしてきました。日々実践してくださる患者さんから、「歯がきれいになって、自分に自信がもてるようになった」といったお声をいただく中で、私とお会いしていない方にも、広く自分のお口と向き合うことの大切さをお伝えしたいという想いから、この本の出版に至りました。

本書では、私自身が実践し、患者さんにもお伝えしている口腔内マッサージをメインに紹介しています。「口の中をマッサージする」と聞いて、馴染みがない方も多いと思いますが、ぜひこの本をきっかけに、自分のお口の中に触れて、向き合ってみてください。日々の小さな積み重ねがあなたのお顔を美しく変えるのです。

「これならできそう」と思えるページからでかまいません。毎日数10秒、この本でお伝えするメソッドを日常に取り入れてみてください。毎日の習慣や心のあり方を少し変えるだけで、**こわばった筋肉がゆるんで骨格が整い、より美しく健康になれるはずです**。本を通じ、手に取ってくださった方の日々が豊かになるお手伝いができれば幸いです。

青山高橋矯正歯科医院 院長
三上康代

Contents

第1章

30秒で顔が変わる! Dr.Yasuyo式小顔メソッド

第2章

ほぐしてすっきり！　身体が整うセルフケア

第3章

美と健康はお口の中から作られる

毎日の積み重ねが、

あなたの〝美〟を育てます。

まずは、自分を知ることから

始めましょう。

不幸顔チェックリスト

最近老けたような気がする、顔の印象が暗く感じる……
そんなことはありませんか？
鏡を見ながら、自分の「今の顔」をチェックしてみましょう。

当てはまったらチェック

- 口角が下がっている …… □
- 唇が乾燥して荒れている …… □
- 笑顔が少ない …… □
- 以前より表情が硬くなったと感じる …… □
- 目のクマが目立つ …… □
- 姿勢が悪く、猫背気味 …… □
- 元気がなさそうなオーラや雰囲気がある …… □
- 肌がくすんでいる、または疲れた印象がある …… □
- 顔がむくんでいる …… □
- 目力がないと感じる …… □
- 笑顔を作っても目が笑っていないと思う …… □
- 顔が左右非対称である …… □
- ネガティブな考えになりやすい …… □

唾液チェックリスト

口の中の状態が悪化すると、全身の病気にもつながります。

「唾液は健康のバロメーター」。

普段の様子を振り返ってみましょう。

当てはまったらチェック

- 口の中が乾いていると感じることがある □
- 口の中がネバネバする感覚がある □
- 喉が渇きやすく、水分を頻繁に摂《と》りたくなる □
- 話をしていると、口が乾いて話しにくくなることがある □
- 食事中に飲み込みづらいと感じることがある □
- 舌が乾いている、またはひび割れているように感じる □
- 唇が乾燥しやすい、またはひび割れることが多い □
- 口臭を強く感じることがある □
- 水やスープがないと、固形物を飲み込むのが難しい □
- 味を感じにくくなったと思う □

いかがでしたか？

どちらのチェックリストも、1つでも当てはまった人は要注意！

本書のメソッドを実践して、口の中からキレイになりましょう。

Dr. Yasuyo式小顔メソッドで〝理想の笑顔〟になれる!

歳を重ねるごとに、たるみやシワなど顔のお悩みは増えるもの。また、年齢にかかわらず、口や全身の使い方の癖によって、顔がゆがんだり、顔が大きく見えたりするのです。コンプレックスで顔がこわばり、上手く笑えない——私は長年、歯科矯正治療を通じて多くの患者さんを診てきました。その経験から、セルフケアでも、本来の美しさを引き出す理想の笑顔が作れることに気が付いたのです。

本書のメソッドのベースにあるのは、顔の筋肉をゆるめてほぐすこと。やさしく、自分を癒やしてあげることです。

理想の笑顔は、口角と頬が自然に上がる顔。よく目じりのシワを気にする人がいますが、私はいいものだと捉えています。だって、たくさん笑った人にしかこの上向きの笑いジワはできないから。本書で紹介するセルフケアを通して、素敵な笑顔を作っていきましょう。

自然な美しさを感じる
“幸せ顔”のポイント

ポイント③
頬がぷっくりと
盛り上がる

ポイント①
上向きの笑い
ジワができる

ポイント②
口角が上がっている

小顔になる秘訣は口の中に！
指1本でみるみるリフトアップ

本書では顔のさまざまな場所を「ほぐす」マッサージをご紹介しています。

顔は筋肉でできていますから、**気になるたるみやシワ、ゆがみなどは、どれも筋肉のたるみやこわばりが原因です**。それを、やさしくほぐすことで本来のあり方に戻そうというのが、私が実践するメソッド。「鍛える」のではなく、「本来のあり方に戻す」というのがポイントです。

皆さんは、自分の口の中を触ったことがありますか？「指を口に入れてマッサージする」と聞いて、驚く方も少なくないと思います。本書の小顔メソッドのメインは、口の中からのアプローチ。口の中をマッサージすることで、顔の外からでは届かない場所にある筋肉をほぐせるため、驚きの効果がすぐに現れます。

まずは、お口の中から、固まっている筋肉をほぐして、輪郭の引き締まった美しい顔を作っていきましょう。

顔が大きく見える原因は口の中に！

食いしばりが悪さをする

歯を食いしばる癖がある方は多いですが、歯と歯は、本来は接触してはいけないものです。食いしばっていると、その圧力が歯並びやあごの形を悪い方向に変えてしまう恐れがあります。さらには、筋肉が固くなったり、食いしばりの左右差が顔のゆがみとなって現れることもしばしばあります。

舌の位置は正しい？

あなたの舌の位置はどこにありますか？　下あごにぴったりと収まっていたら、それは間違いです。舌は上あごについているのが正しいからです。舌が下あごにくっついていると、唾液の出が悪くなったり口臭の原因になったり、猫背やストレートネックなどにつながることもあります。

顔をほぐすときに使うのは基本的に「指」。口の中は傷つきやすい粘膜なので、そこに触れるには柔らかい指が最適です。

Dr.Yasuyo式小顔メソッドがこんなに効く理由

本書で紹介しているDr.Yasuyo式小顔メソッドを試してみた方の多くは、**たった1回の施術でも「こんなに変わった」と驚きます**。顔はとても多くの筋肉でできています。その数は、細かく数えると30種類以上といわれています。

顔が筋肉の集まりということは、皆さんが気にされるたるみも、シワも、ほうれい線も、筋肉の変化によるものだということです。さらには、顔のシルエットも、目がどれだけぱっちり開いているかも、筋肉のあり方によって決まります。

ということは、その**顔の筋肉に直接アプローチする本書のマッサージ**は、毎日自分でできることを続けることで、美しくなるのを実感できるセルフケアだと確信しています。

筋肉が集まっている顔は自分で変えられる

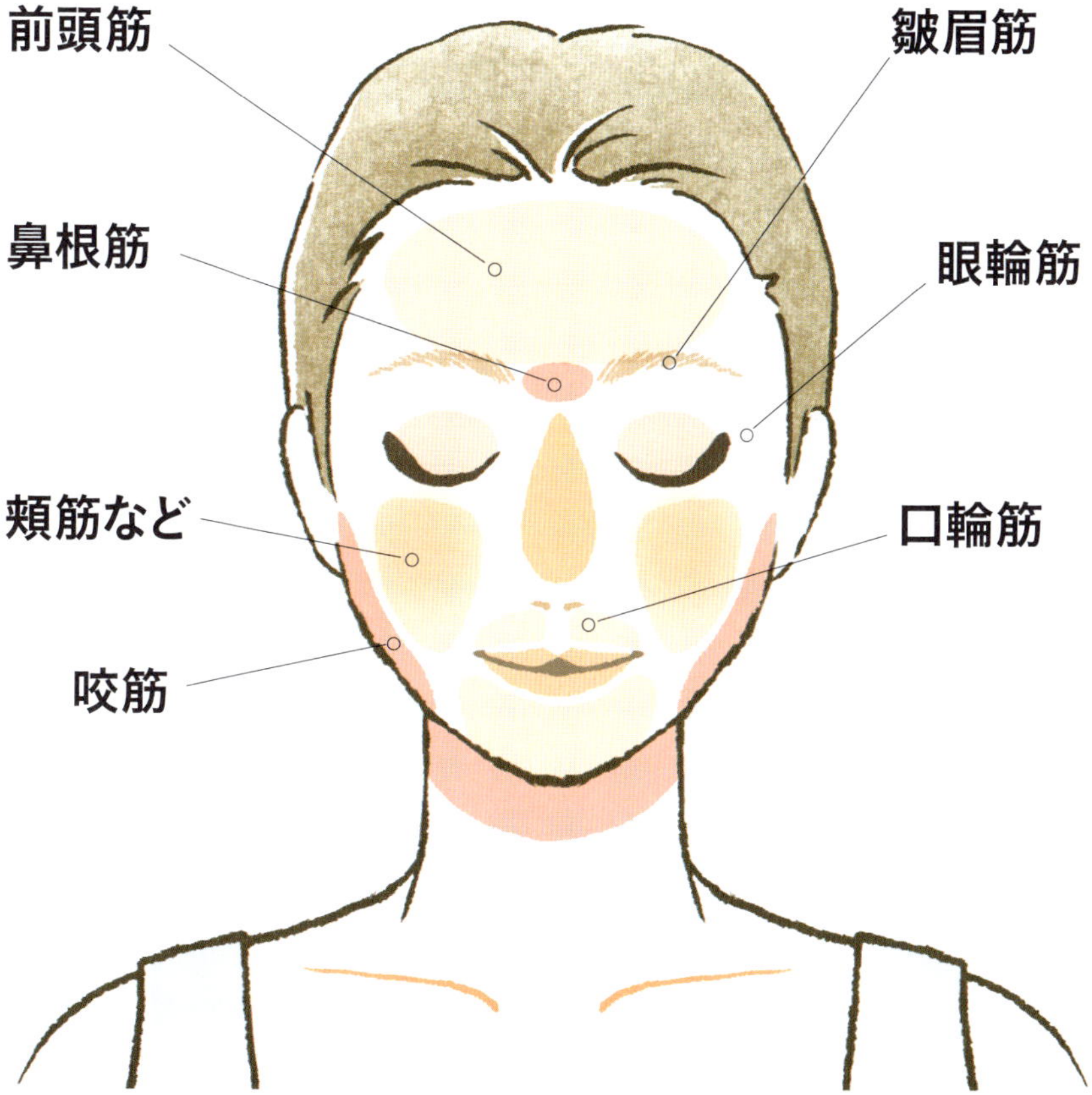

顔は多くの筋肉が集まってできています。その筋肉を指によって直接ほぐすのが本書で紹介するマッサージです。

骨なのに形を変える「歯槽骨」

筋肉以外に、顔の印象を大きく変えるものがあります。それが、歯の根が埋まっている「歯槽骨《しそうこつ》」という骨。歯槽骨は歯を支えている大事な骨なのですが、全身のほかの骨とは違う、ある特徴があります。

それは、「形が変わる」こと。圧力を加え続けると形を変えるのです。矯正では、この特徴を利用して歯の位置を変えています。

ただし、歯槽骨が圧力で形を変えるということは、日常生活での噛み締め方や舌が歯を押す力によっても歯の位置が変わるということです。たとえば、舌が間違った位置にあるために、歯槽骨が圧力を受けたりします。また、食いしばりによるエラの張りも圧力で変わるということです。本書のマッサージは、歯槽骨の形を整えることも期待しています。

歯を支える骨は形を変える

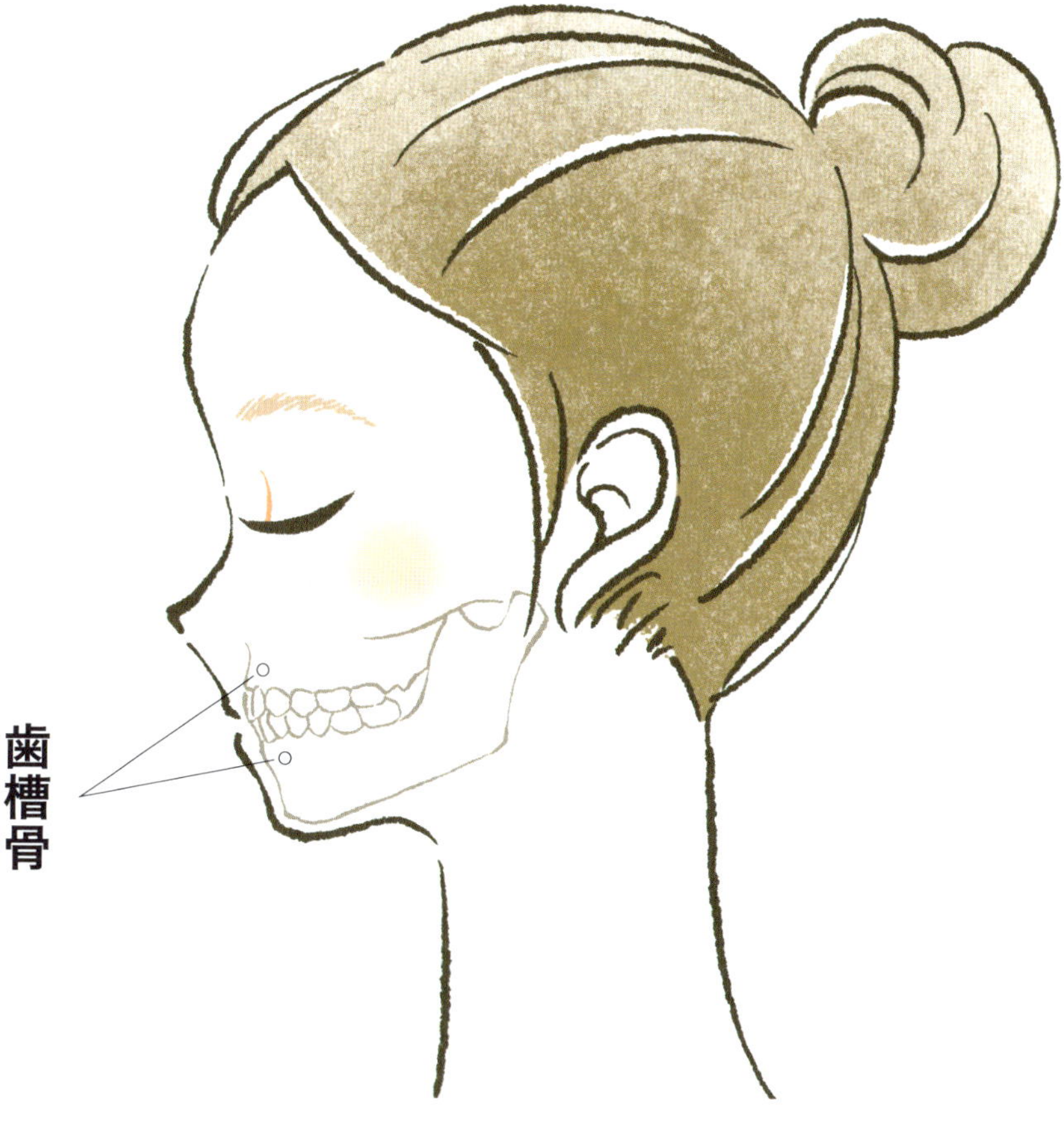

歯の根が埋まっている歯槽骨。圧力がかかると形を変える特徴があります。

どう行うのがおすすめ?

Q. なにか準備するものはありますか?

A ありません。

マッサージに必要なものは指だけです。ただし、指を口の中に入れますから、指は清潔な状態で行ってください。また、爪が長い方は口の中を傷つけることを避けるため、ゴム製の手袋をしてください。手袋は医療用のものでなくても、100円均一ショップで買えるものでも問題ないですよ。滑りのよいものがおすすめです。

Q. いつやるのがおすすめ?

A 毎日続けることが大事です。

私は夜、寝る前にすることをおすすめしていますが、朝や昼に行ってもまったく問題ありません。また、人と話す前や、歌う前に実施するとお顔の筋肉を自然な状態に戻すことができます。いずれにしても、長く続けることが大事です。

Q&A 小顔メソッド、

Q. 本のマッサージはどの順番でやるのがいい?

A 本の順番がおすすめです。

本に記載された通りの順番で行うことをおすすめします。具体的には、お口の中→お顔の表面→肩甲骨周り→股関節周り、ということになります。衰えがちな脚の筋肉も整えるために、足踏みしながら行うとさらに効果的です。

Q. 効果はいつごろから出てくる?

A 効果はすぐに出ます。

効果は、すぐに実感できるはずです。その一方で、毎日続けることでさらに効果がアップしますから、継続も大事です。

Q. 注意したほうがいいことは?

A 強くこすることは避けてください。

頬の内側の粘膜はとてもデリケートなので、やさしく、ゆっくりとマッサージをしてください。また、凝っている部分のマッサージは痛みを伴うので、やさしく、少しずつほぐしてください。

食いしばりによる
アンバランスを改善したい

Before

M.H.さん（50代）

食いしばりの自覚があるというM.H.さん。「寝ているときに歯を食いしばっているのが自分でもわかります」

施術中

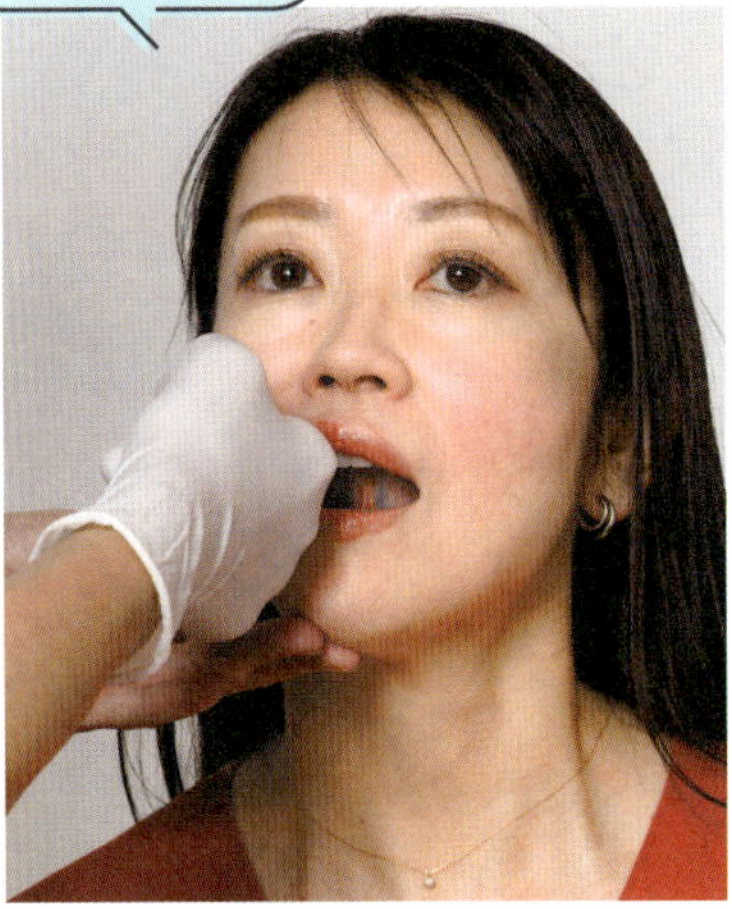

食いしばる側が硬くなる

口内から筋肉に触れると、食いしばりがある側の頬の筋肉（咬筋《こうきん》）が硬くなっていることがよくわかります。そこを集中的にほぐしていきます。「左右非対称の食いしばりは、顔をアンバランスにしてしまいます」

After

左右のアンバランスさが なくなった

顔のラインが細くなる

食いしばりによって広くなっていた右側のフェイスラインがシャープに

口角が上がる

硬くなっていた筋肉がほぐれたことで口角が上がる

COMMENT

食いしばりがある側の右側だけ施術してもらいましたが、硬かった右頬がほぐれ、笑顔が自然になったことが自分でもわかります。

食いしばりは左右非対称のことが多く、顔のバランスに悪影響を与えます。食いしばる側はとくにしっかりほぐしたいですね。

食いしばりの影響が目にも表れる

Before

施術中

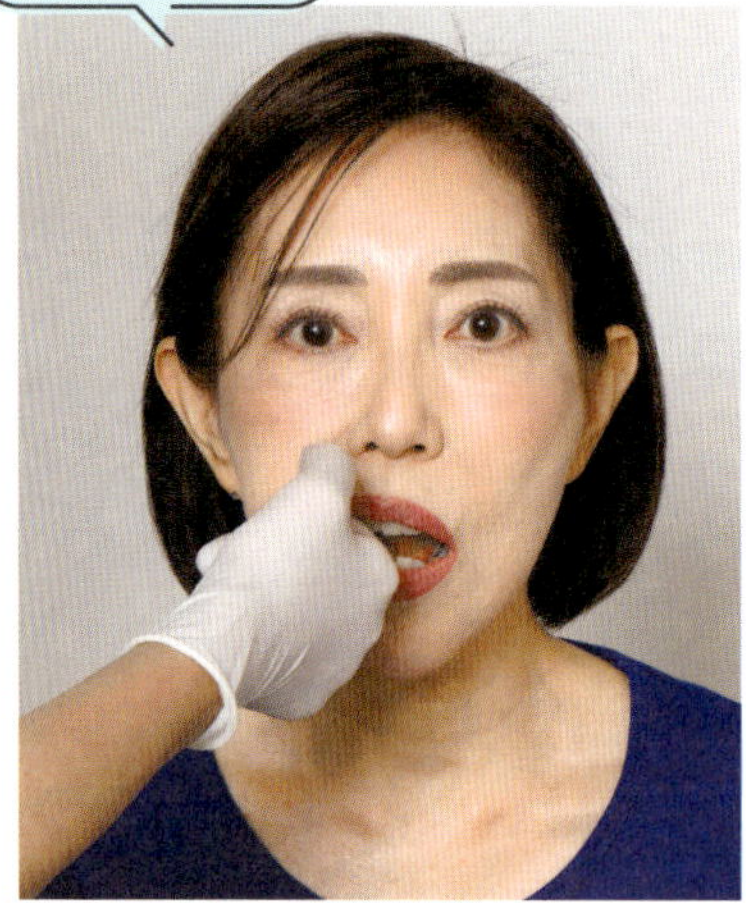

頬の中に硬い「塊」が

食いしばりはそれほどひどくないということで、頬の咬筋は比較的柔らかい。しかしよく探っていくと、ほうれい線の裏側の筋肉に「塊」が。そこを中心にほぐしていきます。

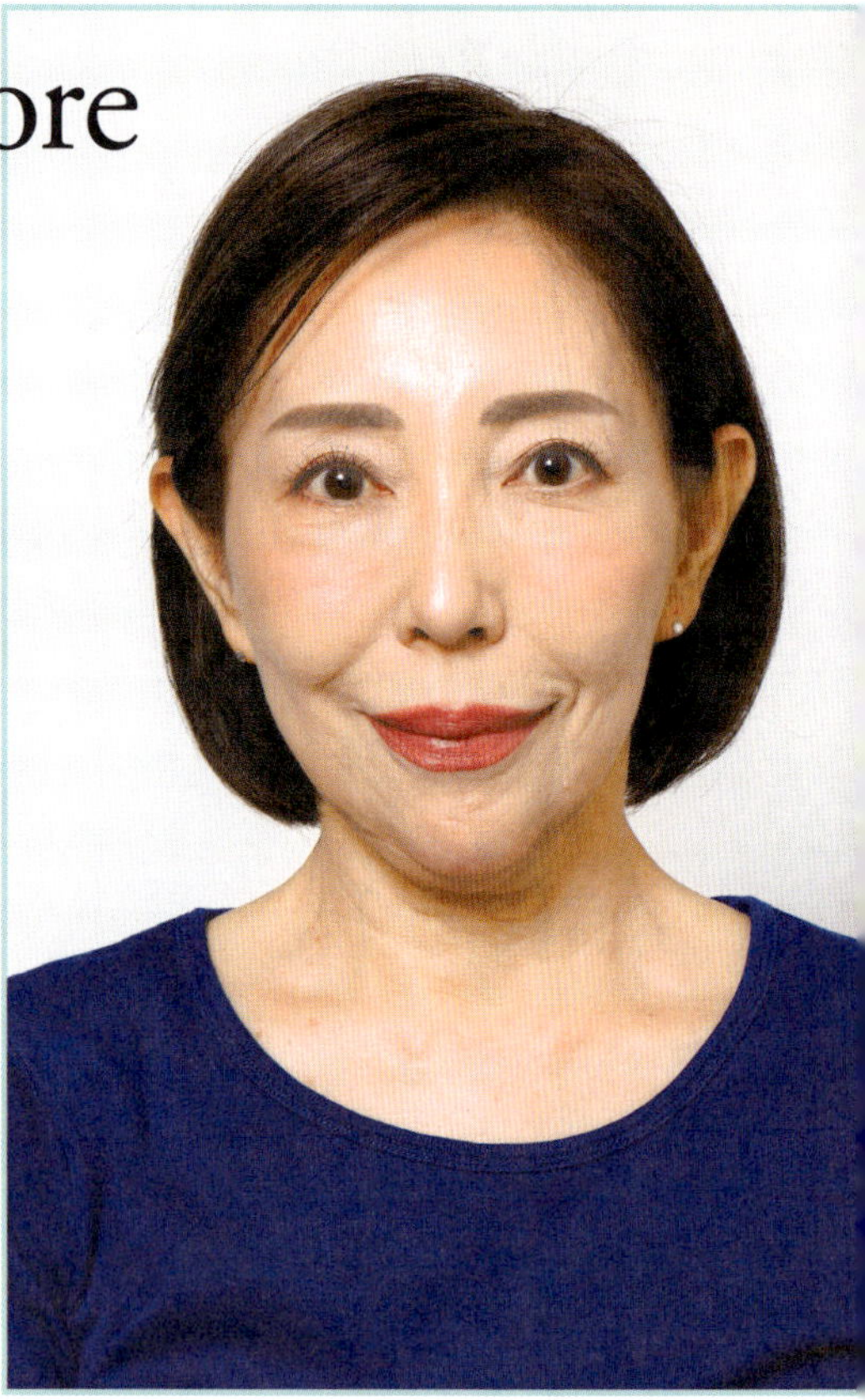

A.K.さん（60代）

食いしばりがあるというA.K.さん。ただ、顔の筋肉が硬くなっている感じはしないという。

After

目が上がり、ぱっちりした

目が上がる

硬くなっていた頬の方に引っ張られていた目が上がり、ぱっちりとした印象に。

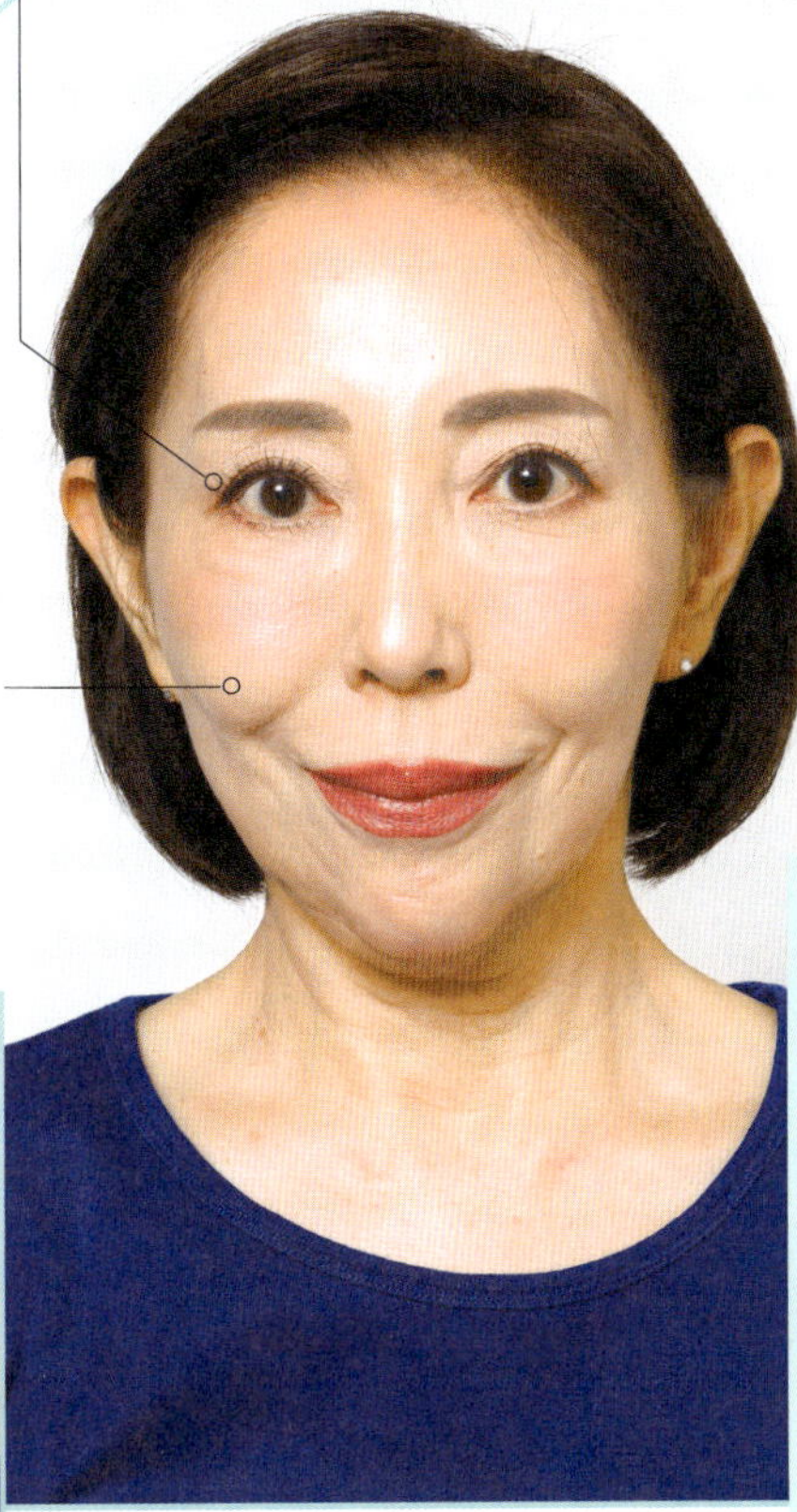

笑顔が柔らかく

食いしばりによって硬くなっていた頬の咬筋がゆるみ、笑顔が自然になった。

COMMENT

あまり食いしばりの自覚はなかったのですが、施術によって硬くなっていた部分があることに気づき、驚きました。笑顔が柔らかくなった気がします。

食いしばりによって咬筋のピンポイントが硬くなっていることは珍しくありません。そういう場所があると、頬だけではなく目などにまで悪影響があります。

口の周りの硬さをほぐす

Before

施術中

鼻の周囲をほぐす

頬や口の周囲の筋肉に硬さがあります。また、鼻の付け根が凝っています。そういう硬さが口角が下がることにつながっているのです。

M.K.さん（30代）

口周りが硬く、笑顔でも口角が下がりがちであることが気になるという。また、鼻の周りにも硬さを感じることがある。

After

あごが
シャープになった

口角が上がる笑顔に

下がりがちだった口角がほぐれ、上がるように。笑顔のイメージが大きく変わった。

あごのラインに変化

口周りの硬さが緩んだ結果、あごがシャープに。

COMMENT

自分でわかっていても口角が下がってしまったのですが、その原因が口の周りの硬さにあることがわかりました！

口の周りが硬くなっている方は多いですが、
それは笑顔を不自然にすることに加え、
フェイスラインも変えてしまいます。

ほうれい線が薄くなった

Before

施術中

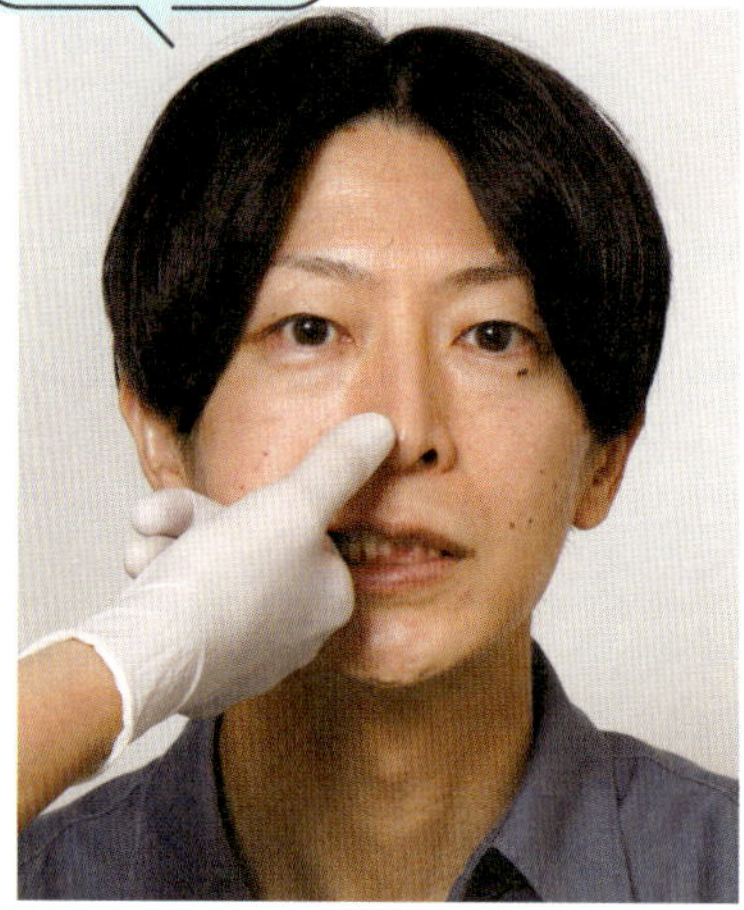

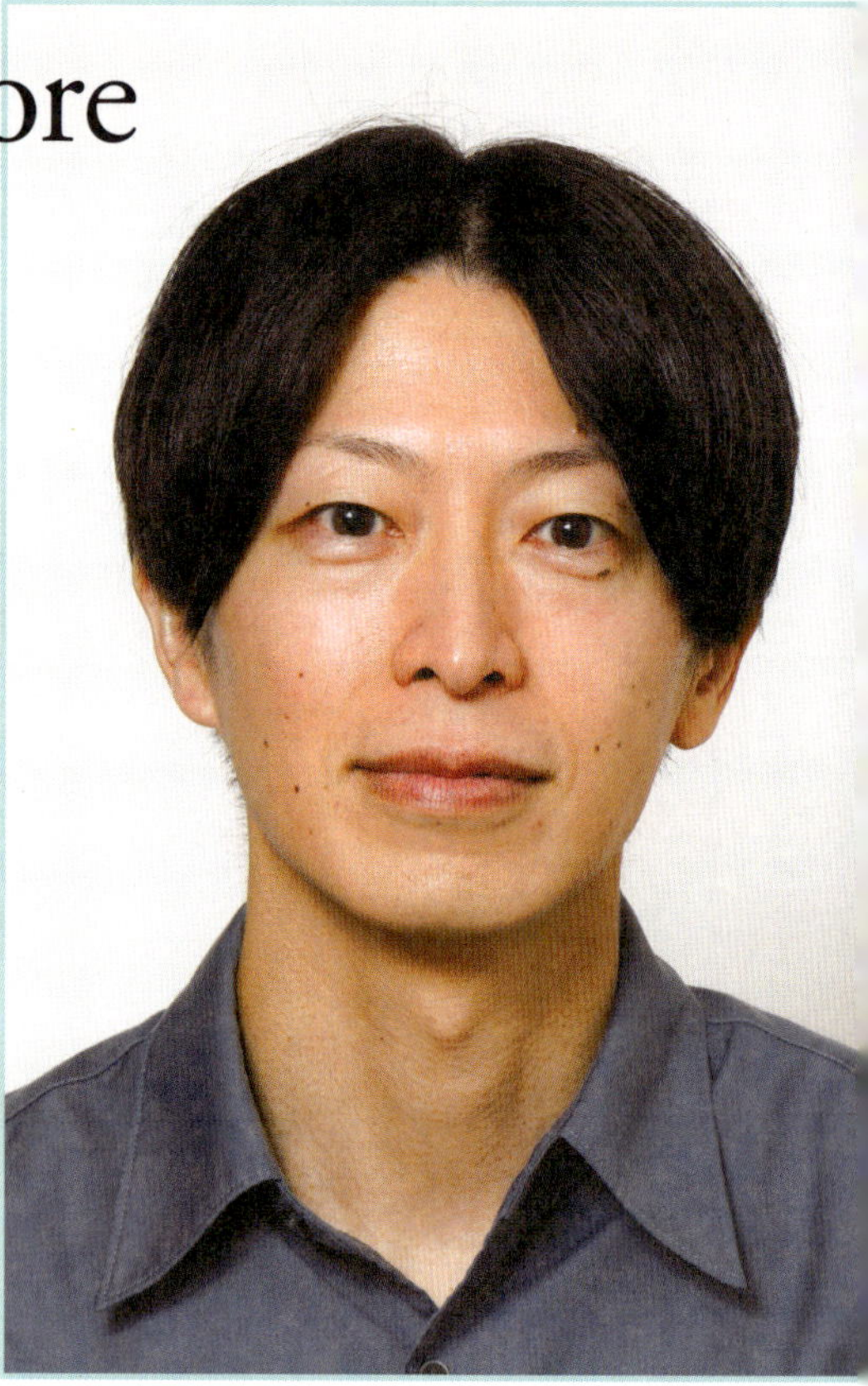

血流を改善

全体的に硬くなっていますが、それは血流が悪くなっているということ。ほぐすことで血流が改善するため、血行もよくなります。

M.Hさん（30代）

口角が上がりにくい自覚があるという。また、ほうれい線が気になるようになってきた。

After

全体として若返り

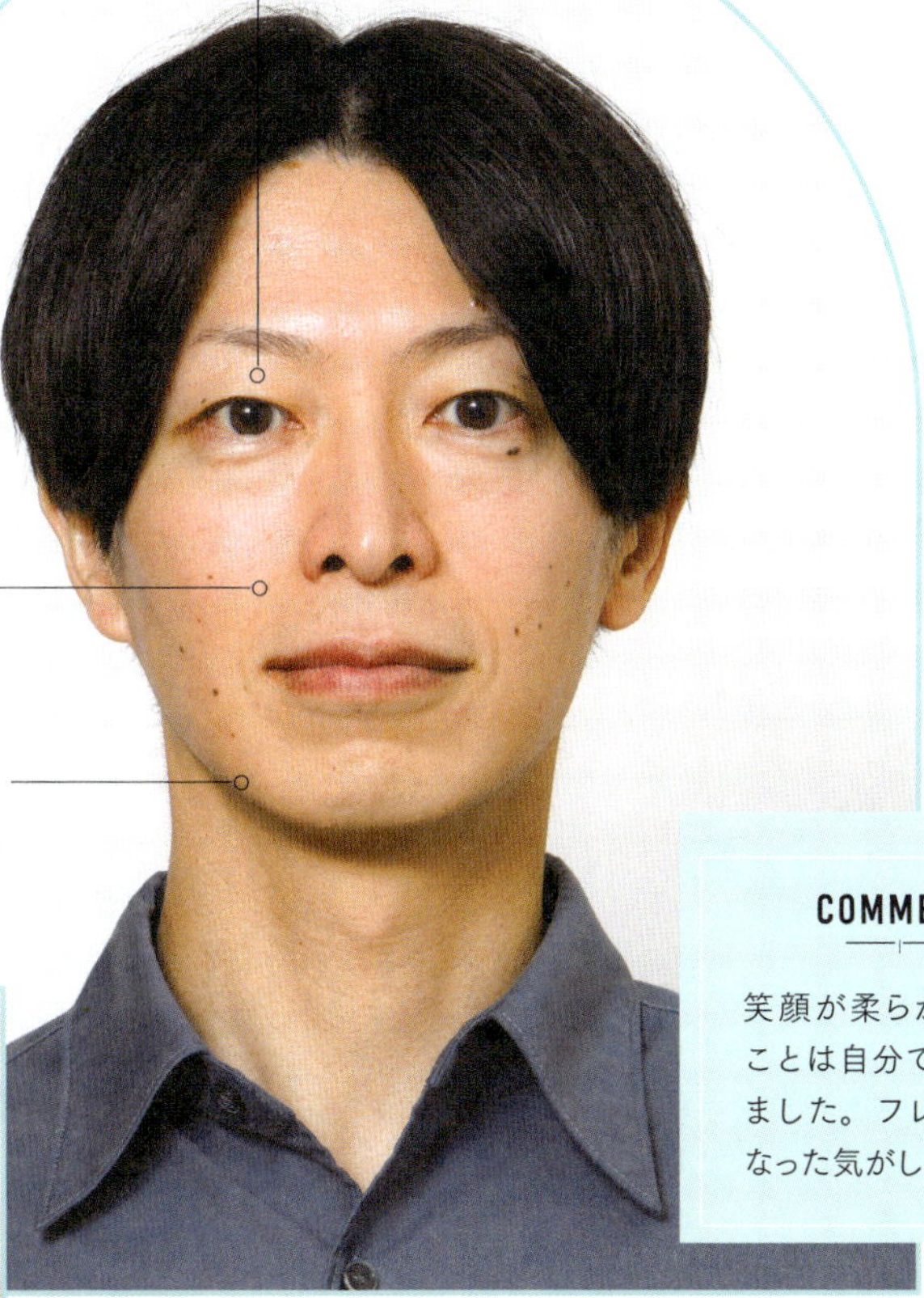

目元がさっぱり

クマやたるみが改善されたことで目元の印象が爽やかになった。

ほうれい線が目立たなくなる

筋肉をほぐしたことと血流改善によりほうれい線が薄くなった。

あごのシルエットが若々しく

たるみがなくなり、若々しいシルエットに。

COMMENT

笑顔が柔らかくなったことは自分でもわかりました。フレッシュになった気がします。

顔ほぐしによって血流を改善できると、美容の面でもさまざまなメリットがあります。全体として小顔になり、若々しくなるのは皆さんに共通していますね。

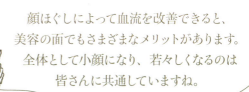

目が開くようになった

After

柔らかい
魅力的な目元に

目が開きやすい

顔の硬さが改善され、緊張のとれた穏やかな表情に

咬筋の硬さを解消

口周りがほぐれ、表情がナチュラルになった。

Before

T.Aさん（30代）

体力を使うセラピストをしているせいか、表情がどうしても硬くなってしまうのが気になる。

やはりもっとも変化がわかりやすいのは、笑顔ですね。素敵なスマイルになりました。

顔が引きしまる

After

スマイルが
レベルアップ

小顔効果も

顔が全体として引き締まり、小さくなった。

口がきれいに笑えるように

口角が大きく上がり、笑顔がより一層素敵になった。

Before

S.Iさん（40代）

笑顔や、表情が硬いことが気になる。

ほぐすことで、
お顔のシルエットがシャープになる
ことも期待できますよ。

Column_01

全身の病気にもつながる歯周病

歯周病は歯茎が炎症を起こして衰えてしまっている状態のこと。皆さんがもっともよく見聞きするお口の病気ではないでしょうか。現代社会では、30代以上の３人に２人は歯周病といわれています。

歯周病はお口の病気と思われがちですが、じつは肌トラブルや全身の病気にもつながっています。歯周病のこわさは、痛みなどの自覚症状がないまま症状が進行し、歯茎から出血したり、膿が出たりするころには、歯を失ってしまう状態になるかもしれないことです。また、治療をせずに放っておくと、口腔内の炎症は肌トラブルを招き、お口の中の汚れは全身に流れて、動脈硬化や糖尿病につながるリスクがあるともいわれています。

歯をきちんと磨けていないと、歯垢が歯に蓄積します。歯周病は歯の表面から始まっているのです。歯周病予防は日々の歯磨きから。１１２ページでは、私がいつも患者さんにお伝えしている「歯周病にならない歯磨き」を紹介しているので、詳しくはそちらを読んでみてくださいね。

第1章

30秒で顔が変わる！ Dr.Yasuyo式小顔メソッド

口の中からのアプローチがあなたを癒やして美しく

さあ、ここからＤｒ．Ｙａｓｕｙｏ式小顔メソッドを実践していきましょう。

第１章では口の中からアプローチする口腔内マッサージと、顔周りのマッサージをご紹介しています。本書のメインとなる口の中からのアプローチは２段階。「押してほぐす」のＳＴＥＰ１、「動かしてほぐす」のＳＴＥＰ２です。

まず、ＳＴＥＰ１の口腔内マッサージで、口の中を触ることに少しずつ慣れていきましょう。痛みを感じたときは無理をせず、そっとやさしく、気持ちよさを感じるくらいの強さで押しましょう。顔の筋肉を口の中から刺激することで、無意識の食いしばりで硬くなった筋肉がほぐれ、口の動きがスムーズになってくるはずです。

ＳＴＥＰ１のマッサージに慣れてきたら、指を動かしてほぐすＳＴＥＰ２へ。口の中のコリをほぐし、リフトアップ効果がさらに期待できます。

口の中から顔の筋肉をほぐして
理想の笑顔を作りましょう！

STEP 1

Method 01

顔を内側からときほぐす

基本の咬筋ほぐし①

ここにアプローチ!

咬筋
（浅部）

小顔になる
ほうれい線が薄くなる

左右ともに
1秒×
2回

人差し指を頬の内側に入れてやさしく押す

指の腹で、頬の内側の筋肉である「咬筋」をやさしく押し、コリをときほぐします。

小顔へのカギを握る 咬筋の役割とは

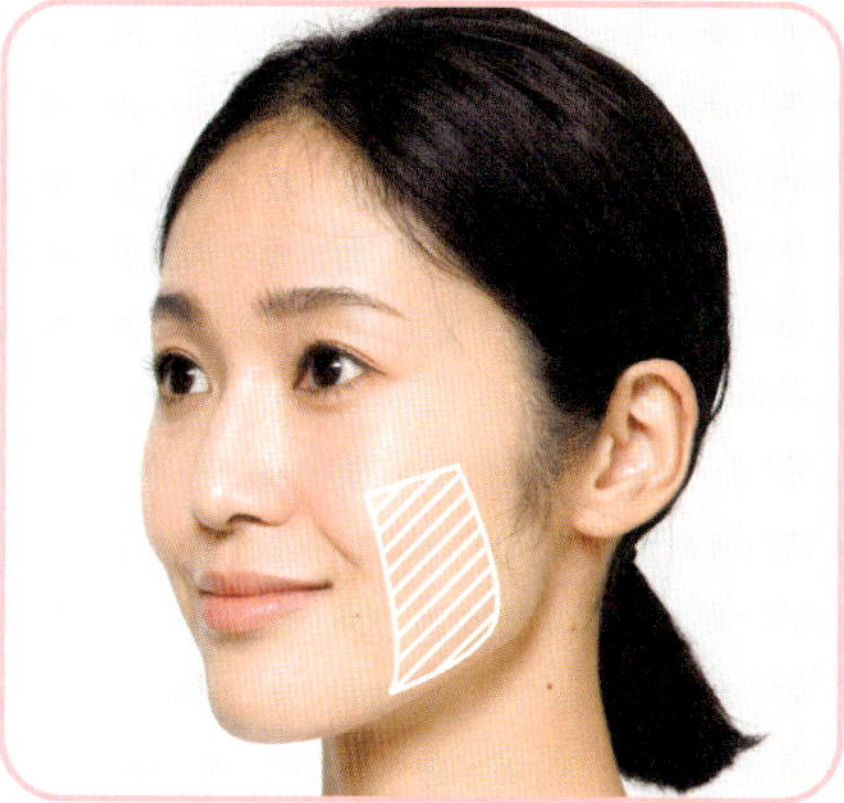

実は、人の頬は「咬筋」という筋肉でできています。咬筋は顔の側面にあり、ものを噛むときにあごを動かす役割を持っています。この咬筋が凝ると顔のほうれい線が深くなったり、笑顔が硬くなったり、ときにはエラがはって顔が大きく見えるようになったりします。顔のイメージを作っている重要な筋肉です。

口の中は指の「腹」でやさしく押す

口の中の表皮は、とても傷つきやすい「粘膜」です。身体の表面の皮膚のように扱ってはいけません。だから、マッサージもやさしく施しましょう。指は強く動かしたりせず、柔らかい腹の部分でそっと押すだけです。

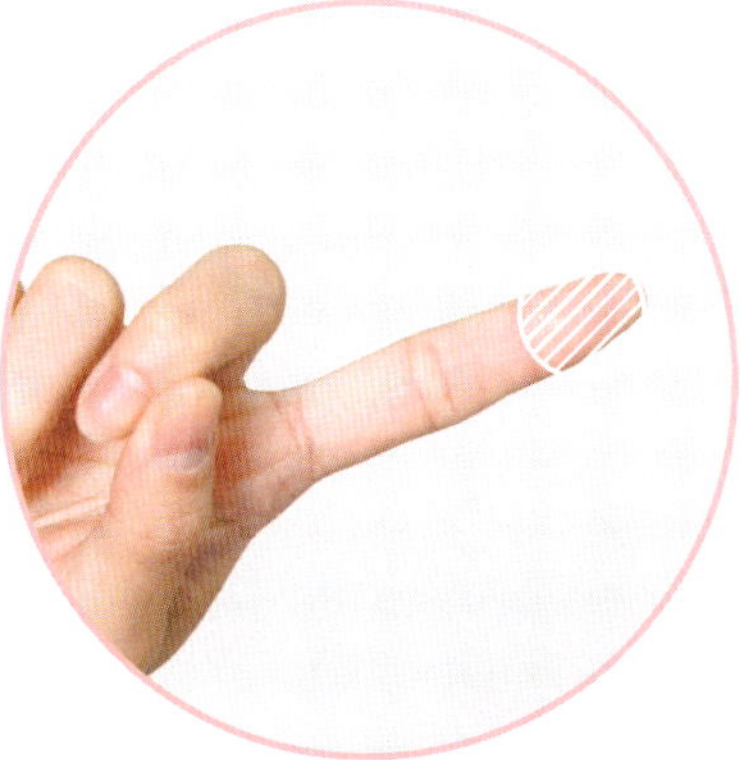

一瞬で目力アップ！

基本の咬筋ほぐし②

咬筋
（深部）

目がぱっちりする
目元のクマが薄くなる

左右ともに
1秒×
2回

目の下まで人差し指を入れてやさしく押す

咬筋が柔らかければ、指は目元の近くまで入ります。目元付近の咬筋をやさしく押してほぐしましょう。

みるみる顔が引き締まる

基本の咬筋ほぐし③

ここにアプローチ!

咬筋
（浅部）

エラの張りが目立たなくなる
小顔になる

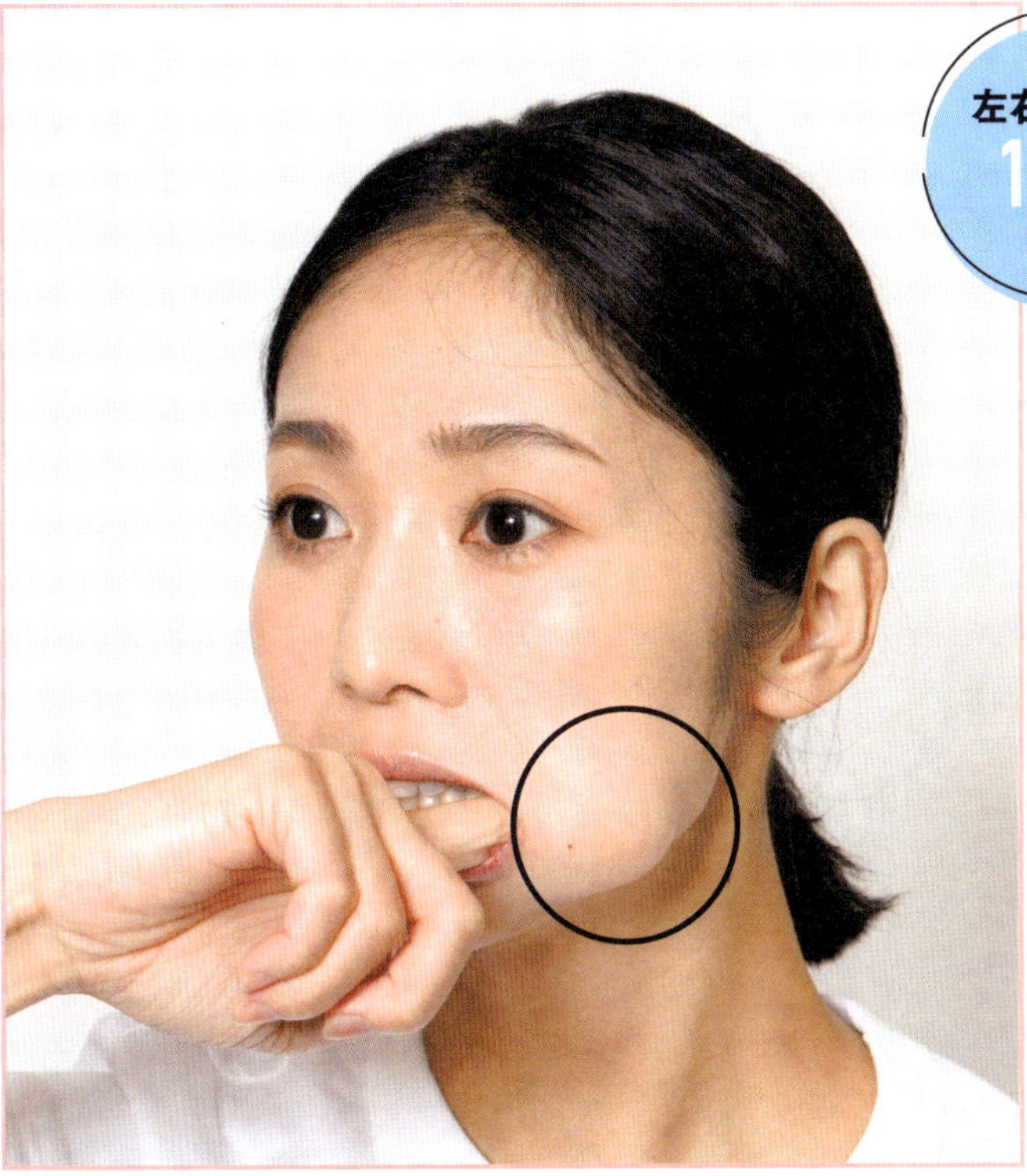

左右ともに
1秒×
2回

人差し指を下の歯の奥まで入れてやさしく押す

人差し指を下の歯の奥まで差し込み、咬筋の下側を意識しながら、やさしく押します。指を気持ちカギ状にし、指の腹が当たるようにするのがポイント。

Method 04

全身の姿勢が変わる!

舌のタッピング

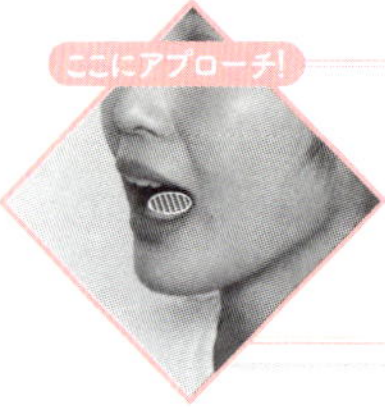

-舌-

ストレートネック改善
食いしばり防止

人差し指の腹で舌をやさしく叩く

指の腹で舌をタップ（軽く叩く）ことで、筋肉の塊である舌をほぐします。次のページにあるように、ストレートネックはじめ、舌が凝り固まっていることはさまざまな問題につながります。

舌がリラックスしていないとどうなる?

冒頭で軽く説明したように、多くの人の舌は正しい位置になく、しかも凝り固まっています。すると、ストレートネックなどの姿勢の悪さや歯の食いしばり、さらには食いしばりによって頭痛がしたり、エラが張ってしまう恐れもあります。

舌がこの位置にあったら要注意!

多くの人の舌は、このように下の歯の中にぴったり収まってしまっています。しかしこの状態は舌が常に下の歯を押しているため、歯列の乱れる原因となります。また、口呼吸になりやすく、健康に悪影響を及ぼします。さらに、舌の位置が低いと、頭が前に傾きやすくなり、猫背や首・肩の緊張を引き起こします。

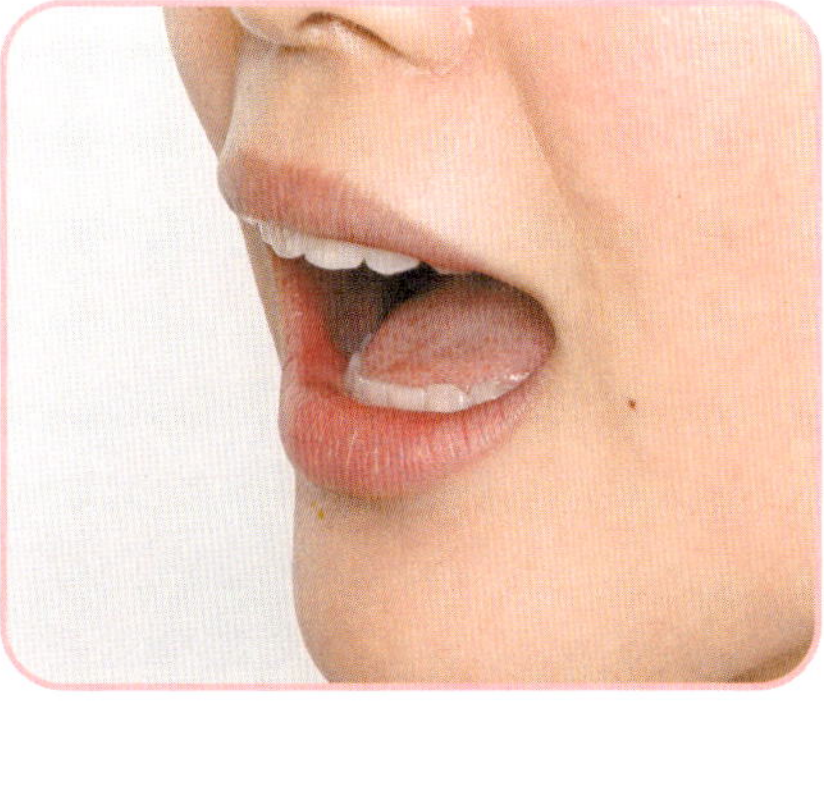

サラサラの唾液があふれる

ベロ裏ほぐし

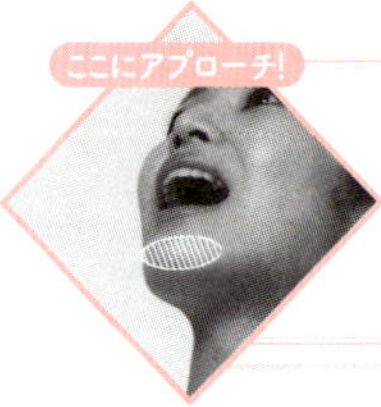
ここにアプローチ!

- 舌下腺 -

唾液の出を促す
リラックス効果

左右
×
3秒ずつ

下あごの裏の「舌下腺《ぜっかせん》」を人差し指でなぞる

下あごの裏側には唾液の出口のひとつである「舌下腺《ぜっかせん》」があります。舌下を刺激することは、血行を整えたり、血の流れを促進するためのポイントです。舌を動かしたり、マッサージをすることで、自律神経を整える効果があります。

舌があるべき正しい場所って？

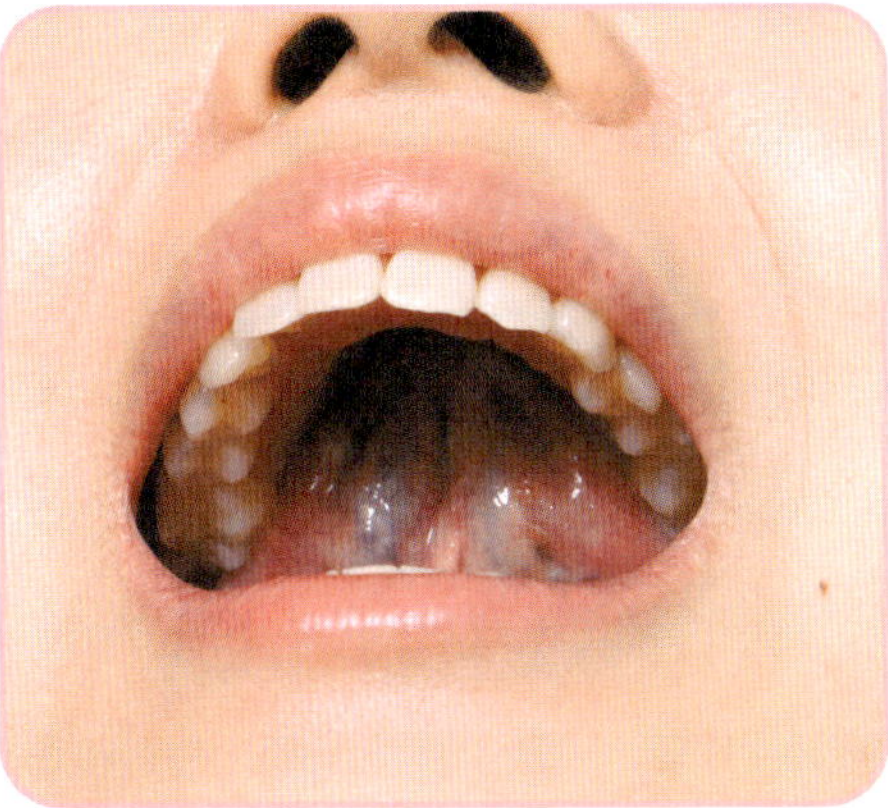

舌の正しい位置は上あごに接触します。つまり、舌全体が「上あごの天井」に吸着するような感覚が理想です。口を閉じたときは、歯と歯の間には2～3㎜の隙間があるのが理想で、舌は口の中で浮いている感覚になります。

唾液が出る3つの場所

口に唾液を供給する場所は3つあります。「舌下腺」と、「顎下腺《がっかせん》」、そして「耳下腺《じかせん》」です。いずれも美容の大事なポイントなので、頭に入れておいてください。

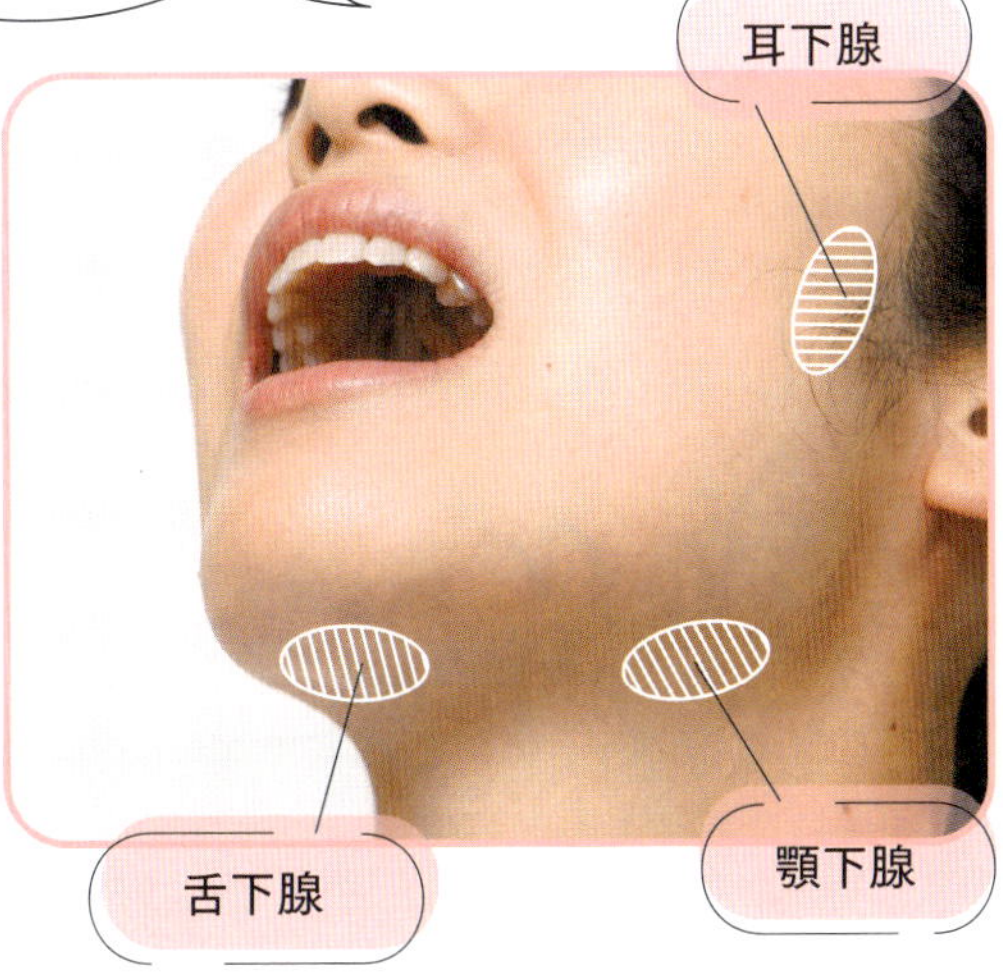

Method 06

身体の内側から美しく

腎臓のツボ押し

- 腎臓 -
むくみがとれる
肌にハリ・艶を出す

上下左右ともに1秒

指で歯の根元のツボを押す

指の腹で、歯の根元にある腎臓のツボを押します。腎臓のツボは上下左右の前歯の付け根にある4か所。

POINT

腎臓は血液をろ過していらないものを尿として排出するほか、さまざまな働きをする臓器。東洋医学では生命力とも関係があるとされている。

Method 07

全身のバランスを整える

大腸のツボ押し

- 大腸 -

お通じがよくなる
腸内細菌のバランスが整う

上下左右
ともに
1秒

前歯から数えて4〜5本目の歯の付け根をプッシュ

上下左右の4〜5本目の歯の付け根には大腸のツボがあります。そこを指の腹で3秒ほど押します。

免疫力アップ

小腸のツボ押し

- 小腸 - 栄養吸収効率がよくなる
免疫が整う

上下左右
ともに
1秒

奥歯の付け根をプッシュ

上下左右の奥歯の付け根にある小腸のツボを3秒ほど押します。小腸は栄養の吸収だけでなく、全身の免疫とも関係がある大事な臓器です。

歯の根元にある内臓のツボ

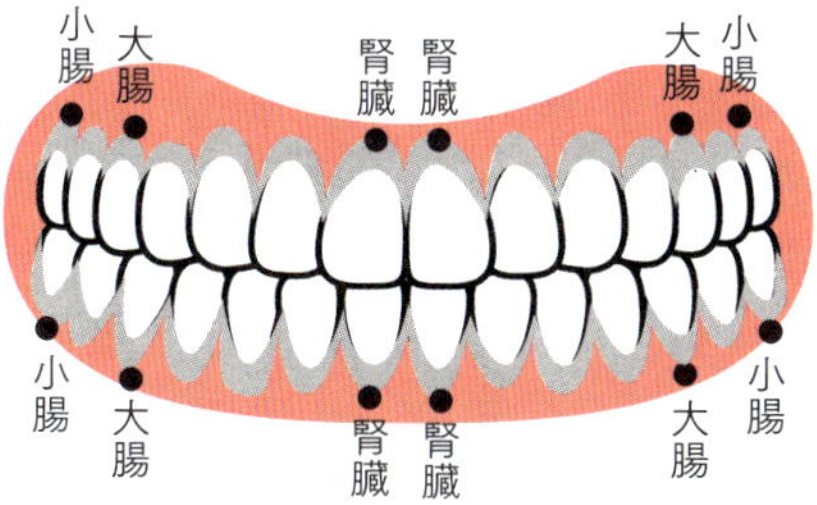

歯の根元には内臓のツボがあります。前歯の根元は腎臓、奥歯の根本には小腸、前歯から数えて4～5本目の歯の付け根には大腸のツボがあります。一つの臓器につき上下左右の4か所にツボがあることになります。

大事な歯茎は押さず歯の根元にアプローチ

内臓のツボ押しのポイントは、「歯茎」ではなく「歯の根元」を押すことです。歯茎は大事な歯槽骨のバリアですから、傷つけたり強い力を加えることは避けましょう。

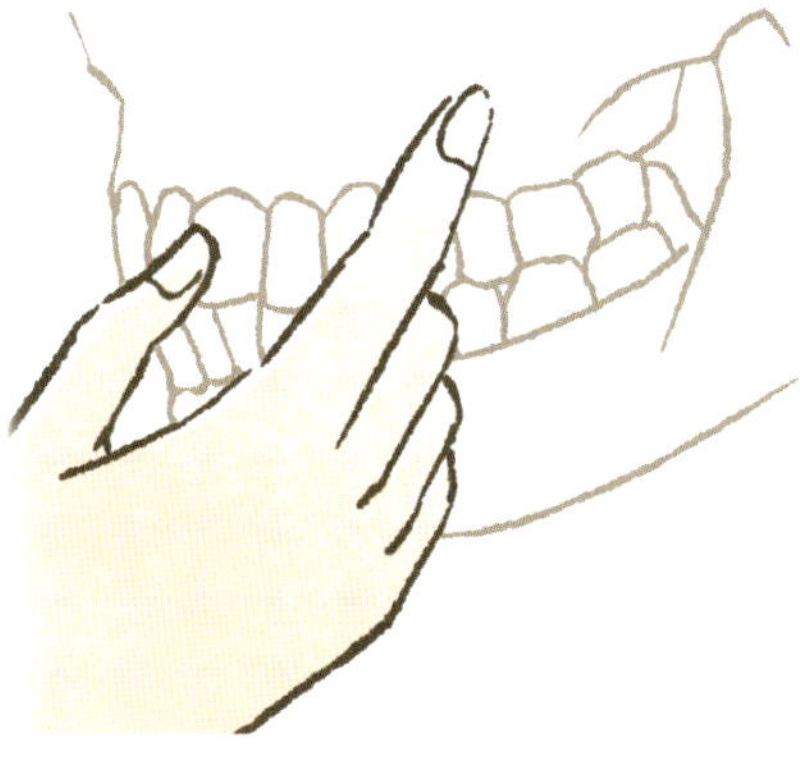

ここからはSTEP2
Method 09

指で積極的にほぐしていく

ほうれい線ほぐし

ここにアプローチ!

- ほうれい線 - ほうれい線が薄くなるリフトアップ

左右ともに 3秒

口角側のほうれい線の端に人差し指を入れる

ほうれい線の内側を、ここからほぐしていきます。

STEP1で咬筋を押して
柔らかくなったら、
次は指を動かすことでもっと積極的に
ほぐしていきます。

ほうれい線に沿って下から上へマッサージ

指を下から上に動かすことでフェイスアップ効果が期待できます。

顔の内側から小顔に

フェイスアップほぐし

- 顔の輪郭 -

小顔効果
リラックス効果

左右ともに
3秒

顎関節の手前を人差し指で上下にほぐす

指を奥まで入れると、顎関節に届きます。その手前を内側からときほぐすことで、小顔効果が期待できます。この位置には唾液の出口もあるので、唾液の出もよくなります。

ネイルが気になる人は 滑りのよいグローブを

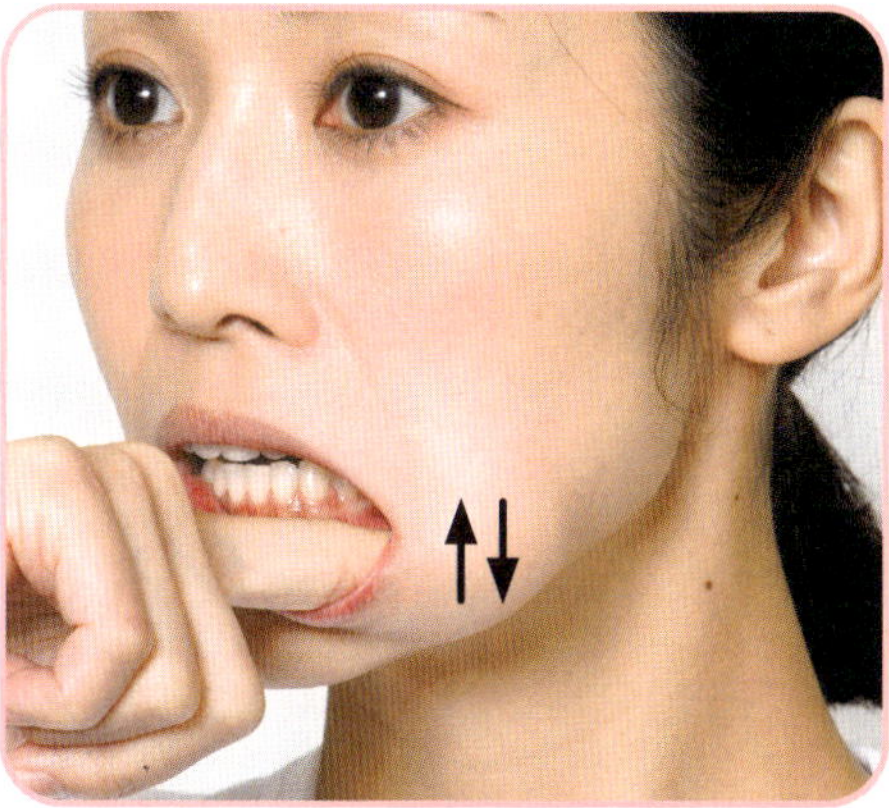

口の中を指で「押す」ことで顔がほぐれてきたら指を「動かす」ことで、さらにほぐしていきます。口内の粘膜を傷つけないよう、指の腹でやさしくなぞるようにほぐしてください。爪が長かったりネイルをしている方は滑りのいいゴム製グローブを付けるといいでしょう。

顔の筋肉がほぐれると 笑顔が変わる!

ほんの数回でも口の中からほぐすと、顔の筋肉が柔らかくなることが実感できるはずです。それは指に触れる筋肉がしなやかになり、マッサージの際の痛みがなくなることでも実感できますが、もっともわかりやすいのは笑顔の変化です。口角が上がり、目がよく開くようになったのがわかりますか？

目を押し上げる

目元押し

- 目 -

目が大きくなる
目元のシワが薄くなる

左右ともに
1秒×
3回

1 **人差し指を目じりの下をめざすイメージで入れる**

指を目じりの下まで入れます。指の腹は外を向いている点に注意。

外に向けて押すことで
シワが薄くなります。
リフトアップ効果も期待できますよ。

2 口内から外側に向かって人差し指で押す

指で、頬の外側に向けてそっと押します。この動作を3回ほど繰り返します。

舌から姿勢をよくする

舌ほぐし

- 舌 -

猫背が改善する
食いしばりが軽くなる

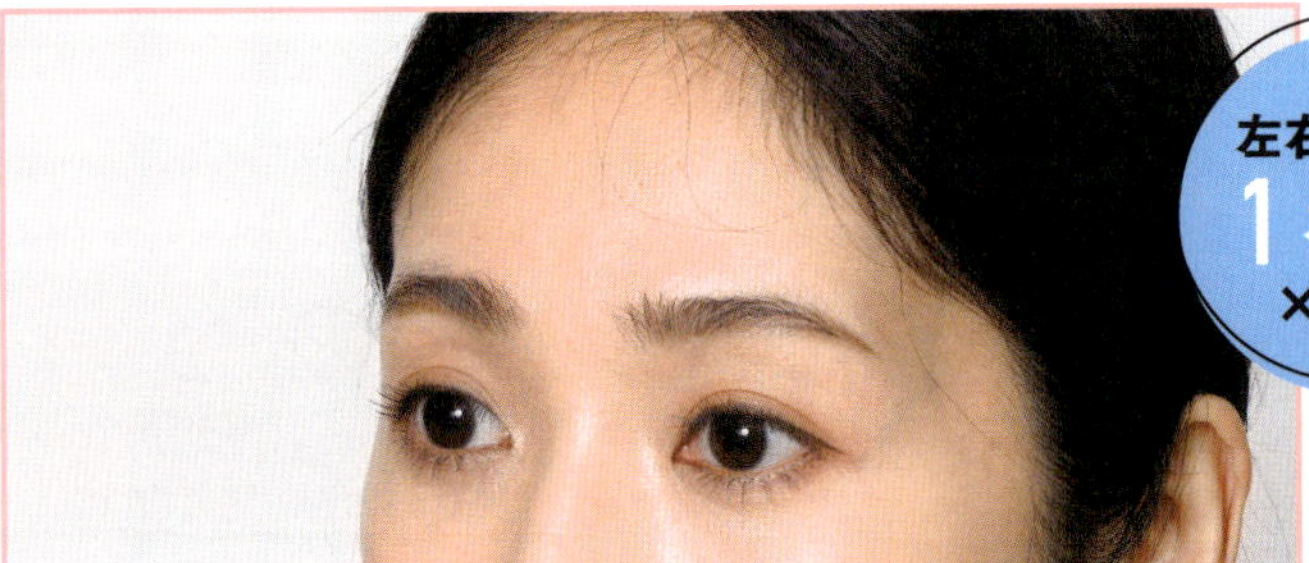

左右ともに
1スライド
×3回

1 指を舌の下に入れる

指を舌の下に入れます。舌の付け根に添えるイメージで。

下あごに張り付きがちな舌を
柔らかくして姿勢をよくする
エクササイズです。食いしばりや
ストレートネックの改善が期待できます。

2 舌の下の指を前後にスライド

指を前後にスライドさせます。下あごに張り付いた舌を浮かせるイメージで、やさしくスライドさせてください。

鼻の下を短くする

前歯リフト

ここにアプローチ!

-上あご-

鼻の下が短くなる
食いしばり対策

1秒×3回

前歯を親指で押し上げる

左右の親指を前歯に当て、上向きに押し上げます。鼻の穴に向けて押すイメージで。

NG 出っ歯になる「自力矯正」はNG！

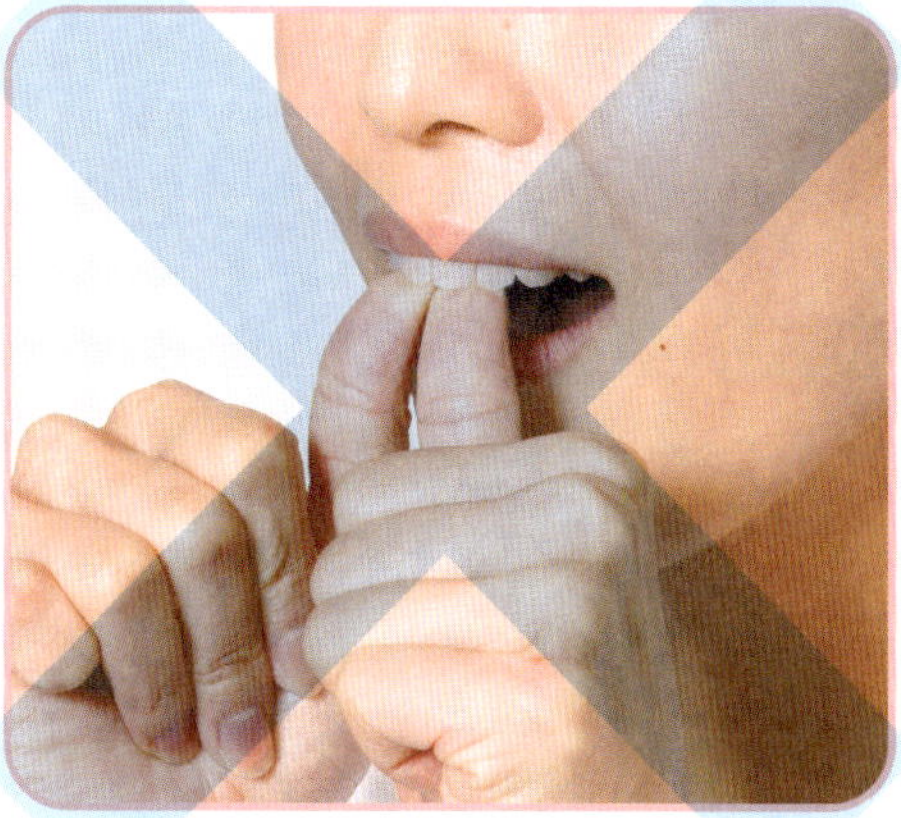

前歯リフトは前歯を押して歯槽骨を押し上げ、鼻の下を短くするというエクササイズで、その仕組みはまさに矯正と同じです。それだけに、前歯を押す方向を間違えると、悪い方向に歯が動いてしまいます。特に写真のように力を加えると出っ歯になってしまうため注意してください。

鼻の下はなぜ伸びる？

「鼻の下が伸びてしまった、短くしたい」とおっしゃる方は多いですが、なぜ歳を重ねると鼻の下は伸びるのでしょうか。理由はいくつかありますが、歯を食いしばる癖があることも鼻の下が伸びることにつながります。しかし、歯槽骨は動かせますから、押し上げることで鼻の下を短くできます。

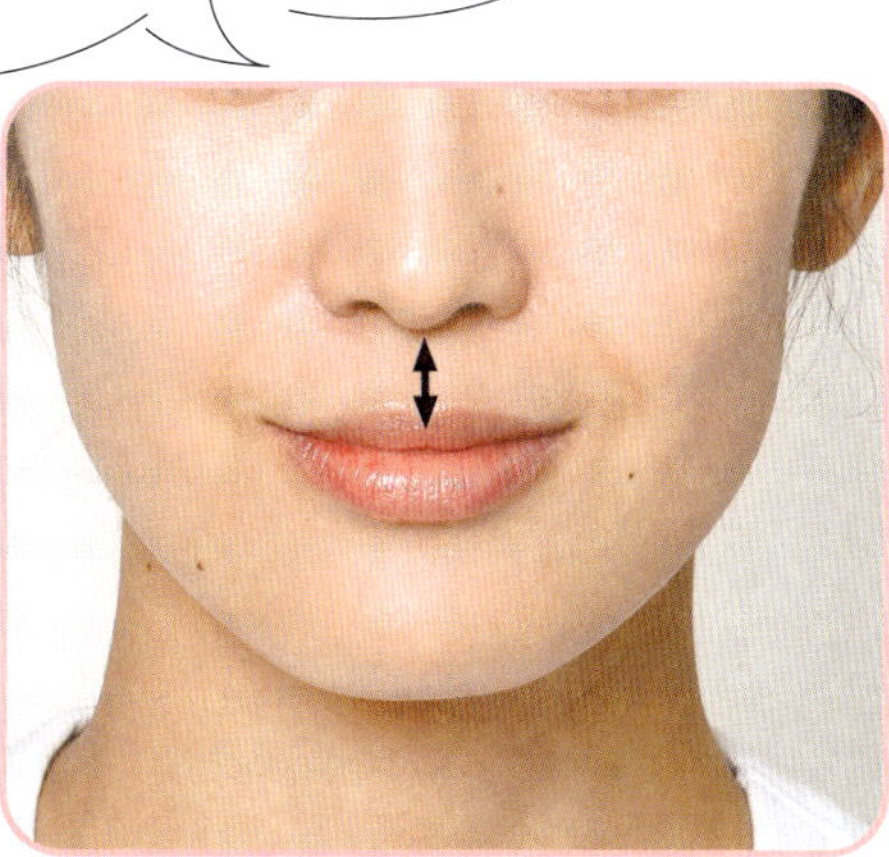

唾液の出をスムーズに

外から舌下腺ほぐし

- 舌下腺 - 唾液の出を促す
リラックス効果

舌下腺を両手の親指でほぐしていく

舌の下には唾液の出口である「舌下腺」があります。それを外から押すことでほぐし、唾液の出を促します。

唾液の出をスムーズに

外から顎下腺ほぐし

ここにアプローチ!

- 顎下腺 - 唾液の出を促す
リラックス効果

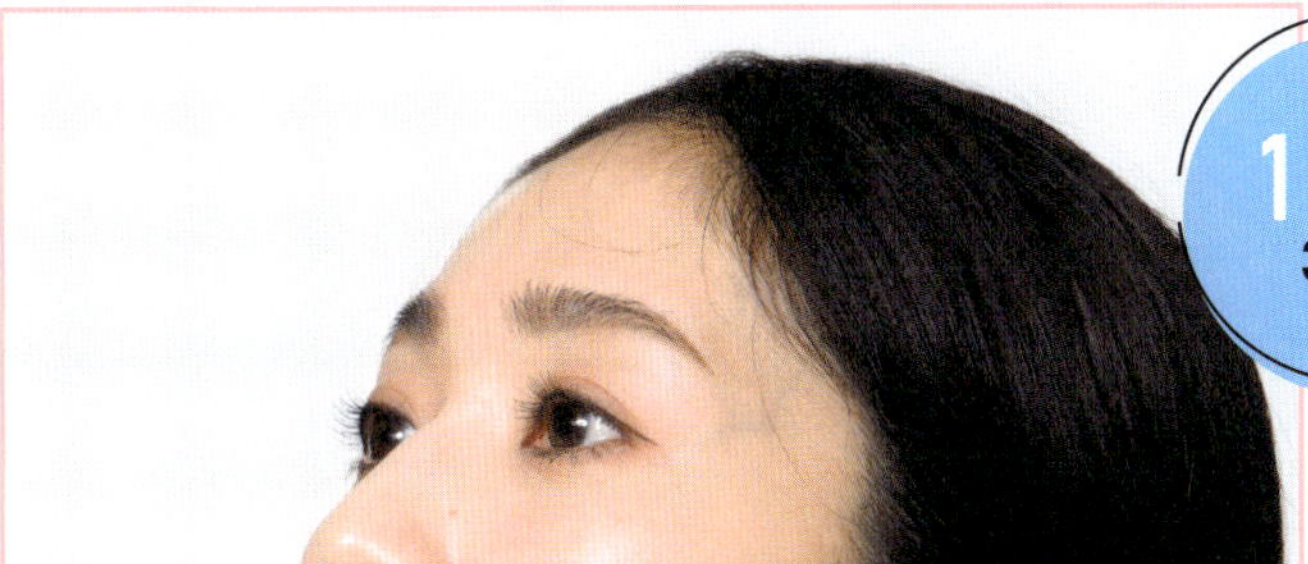

1秒×3回

顎下腺を両手の親指でほぐしていく

舌下腺のやや横、あごの下にはやはり唾液の出口である「顎下腺」があります。それを外から押すことでほぐし、唾液の出を促します。

Method 16

老廃物をリンパに流す

耳下腺ほぐし

- 耳下腺 - 唾液の出を促す
アンチエイジング

耳の前を指で押す

耳の前の、ものを噛んだときに膨らむ部分を指で円を描くように押します。この部分には唾液が溜《た》まる耳下線やリンパ節があるため、唾液の出を改善したり老廃物を流す効果があります。

耳の周りをほぐす

耳回し

ここにアプローチ!

- 耳下腺 - 唾液の出を促す
リフトアップ効果

左右それぞれ 3周

耳をつまみゆっくり回す

耳を指でつまんで回します。顔の側面の筋肉をほぐすのに加え、耳の前にある唾液腺である耳下腺をほぐして唾液の出を促します。

片頭痛を解消!

側頭筋ほぐし

- 頭 -

片頭痛を軽くする
食いしばり改善

10秒

側頭筋は
頭蓋骨にぶら下がる
あごの骨を支えています。
食いしばる方は
ここが硬くなっています。

頭の側面を3本の指でマッサージ

頭の側面の「側頭筋」はあごを支える筋肉です。ここをゆるめ、食いしばりを改善します。片頭痛も軽くなりますよ。

片頭痛の要因は
食いしばり

食べ物を噛む側に片頭痛があったりはしませんか？　食いしばりがあると側頭筋が硬くなり、片頭痛につながることがあります。頭痛がする側の筋肉が硬くなっていることが多いのはそのためです。

「噛む」動作を支える
側頭筋

側頭筋は頭の左右の側面に広がっています。そして噛む動作をするときには、側頭筋が収縮してあごを引き上げます。だから、食いしばっていると側頭筋が硬くなってしまうのです。

唇周りをしゃっきり

割りばしくわえ

ここにアプローチ!

-口- 鼻の下を短くする
口角が上がるようにする

10秒 キープ

割りばしを唇にのせてキープ

割りばしを唇の上にのせ、10秒キープします。唇周りの筋肉は衰えると垂れてくるため、ほうれい線が目立ったり鼻の下が伸びてしまうことがあります。それを正常化するエクササイズです。

割りばしを落とさずにがまんできる？

P64のように割りばしを唇で押さえ、下を向いてみてください。割りばしを落とさずにキープできましたか？　もしできなかったら、唇周りの筋肉が衰えて硬くなっている証拠です。

×鍛える
○正しい状態にする

P64のエクササイズは、口の周りの筋肉を「鍛えて」いるのではありません。硬くなったり垂れてきたりしている筋肉を元の状態に戻すためのものです。子どもの顔のように自然に笑える顔をめざしましょう。

Method 20

クマがみるみる薄くなる

目のクマタッピング

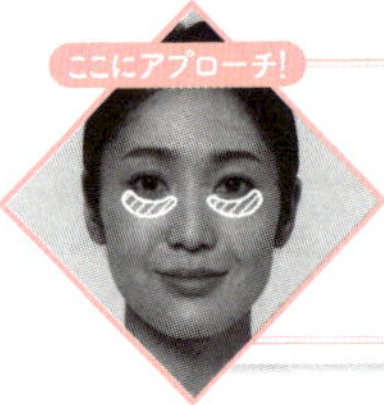

- 目 -

クマが薄くなる
下まぶたのたるみ改善

左右ともに 3回

1 目頭に指を当てる

両方の目頭に写真のように人差し指を当てます。ここから、目のクマにそってタッピングしていきます。

クマに沿って目頭から目じりへ
タッピングしていきます。
指の腹でやさしく叩いてくださいね。

2 目頭から目じりに向けてタッピング

人差し指で、目のクマに沿うように目じりに向かって
そっとタッピングしていきます。

Method 21

眉間のシワが消える

眉ほぐし

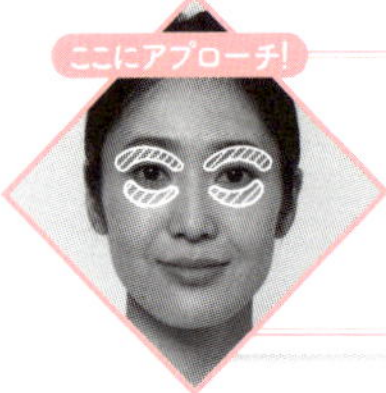

- 目 -

眉間のシワ
まぶたのたるみ

1秒×
3回

眉の上の骨の部分を人差し指でそっと押す

両方の眉の上にある骨が出っ張っている部分を人差し指でそっと押します。痛みがある場合もあるのでやさしく押してください。

目の周囲の血流を整える

目のクマほぐし

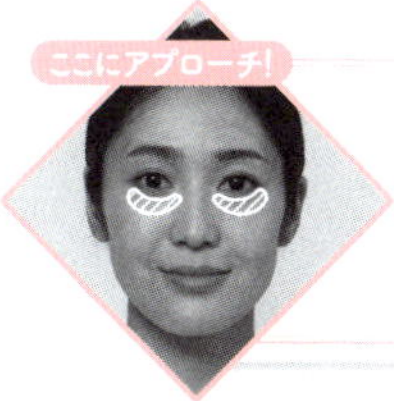

- 目 -

目のクマ
目の周りの血流

1秒×
3回

POINT

より効果を出すためには、エクササイズ前にホットタオルを目の周囲に当て、血流をよくしておくといいでしょう。

鼻の付け根をそっと押す

目をつむり、鼻の付け根の部分を人差し指の腹でそっと押します。

自然な笑顔を手に入れる

こめかみほぐし

-頭・顔- 頭痛軽減
笑顔が自然になる

1秒×
3回

こめかみをそっと押す

こめかみを、人差し指・中指・薬指でやさしく押します。この部分は、目じりのシワの延長線が髪の生え際とクロスするところでもあります。

目のクマは
血流の滞りから

目の周りは皮膚が薄く、血流の影響が外からも見やすいのが特徴です。そして、血流が滞ることで目立つようになるのが目のクマです。さまざまなエクササイズで目の周りの血流をよくすると、クマは薄くなっていきます。

首からの影響がある
ケースも

顔や目の周りの血流が滞る原因が首にある場合もあります。たとえば写真のようなストレートネックの方は、あごの関節の柔らかい組織である「関節円板」がずれて、骨と骨とが当たってしまっていることがあります。すると血管が圧迫されて血流が滞り、美容にも悪影響を及ぼします。

Column_02

いつも整えておきたい口腔内フローラとは？

腸活の話題でよく耳にする「腸内フローラ」と同じように、口の中にも「口腔内フローラ」と呼ばれる細菌が織りなす世界があります。口の中には数千億もの細菌がいるといわれており、口腔内フローラは十人十色。誰一人として同じお口はありません。口腔内フローラを主に構成するのは、善玉菌と悪玉菌、そしてそのどちらにもなりえる日和見菌です。善玉菌の代表として挙げられるのは、乳酸菌。悪玉菌の代表格は歯周病菌や虫歯菌。ほかにも大腸菌やブドウ球菌、肺炎菌などの日和見菌がいます。日和見菌は普段、身体に悪さをすることはありませんが、健康状態が悪くなると、悪玉菌の味方に。増えすぎると悪玉化し、悪玉菌と一緒に暴走してしまいます。日和見菌と悪玉菌を暴走させないために、口腔内フローラをバランスがとれた状態にしておくことが大切です。

朝、起きたら、まずうがい。そして、正しい歯磨きに、本書でご紹介する口腔内マッサージ。自分を大切にするライフスタイルを心がけて、お口の中から全身の健康を育んでいきましょう。

第2章

ほぐしてすっきり！身体が整うセルフケア

健康で美しく歳を重ねるために
私が実践している全身のセルフケア

第2章では、私が日々実践している全身のセルフケアをお伝えします。
顔がたるんで見えたり、むくんだりする原因は、首や肩の筋肉の緊張によるものの可能性も。頭からつま先まで、さまざまな筋肉が関係しているため、どこかひとつの筋肉にコリや疲れがあるだけで、それが別の場所のゆがみや不調にもつながりかねません。だからこそ私は毎日、自分の身体に触れて、労りながら、緊張や疲れをためないように心がけています。

人生１００年時代、私は64歳になりますが、これからも美と健康を育てて、皆さんがキレイになるお手伝いをしたいと思っています。この本でご紹介するメソッドは何歳からでも若々しく、素敵な笑顔を作ることができるので、年齢を問わず、たくさんの方に実践していただきたいです。できそうなページから、日々のセルフケアに取り入れてみてくださいね。

美しい顔を作るためには
鼻呼吸や正しい姿勢も大切です！

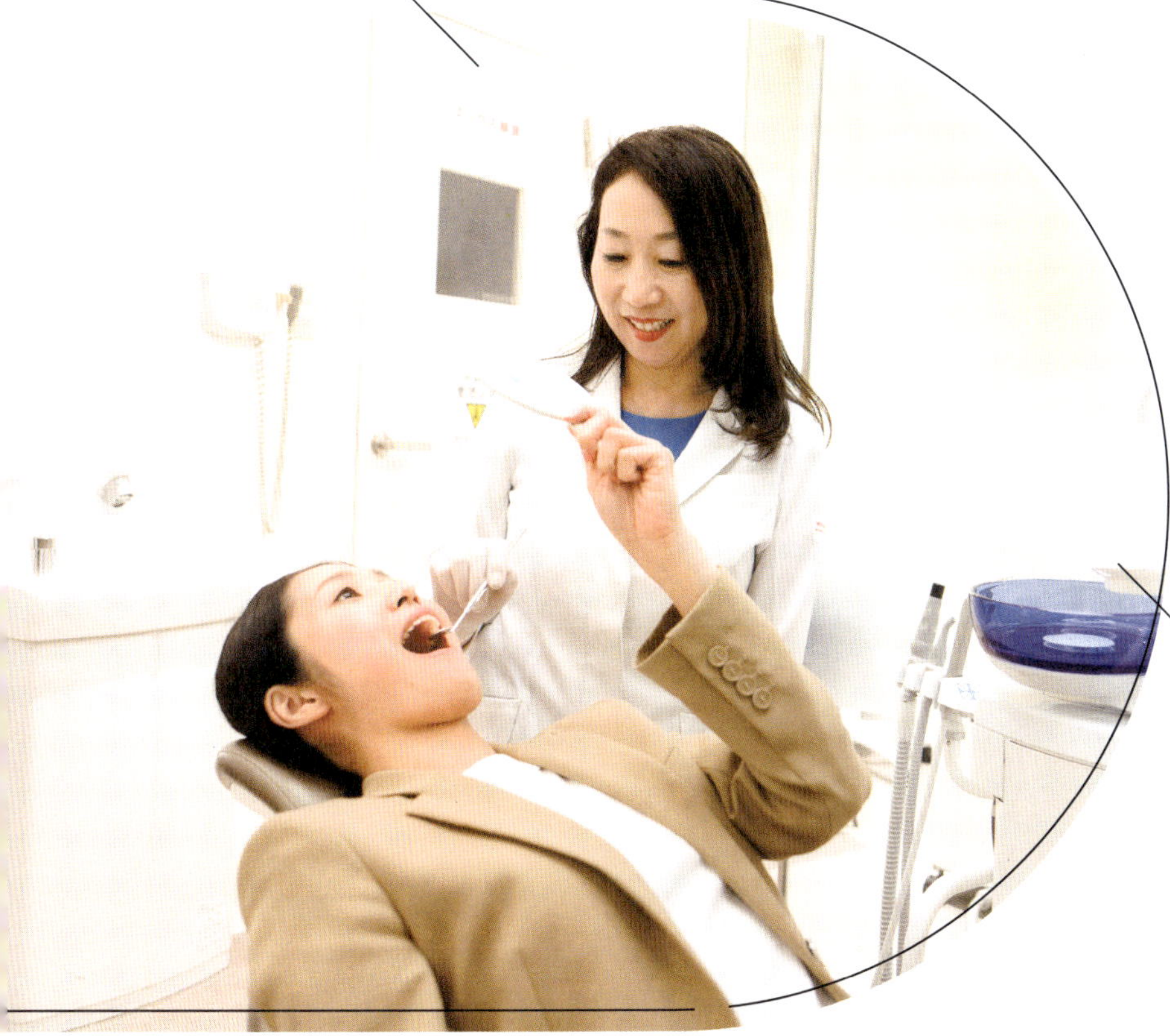

脳に酸素を届ける

鼻呼吸

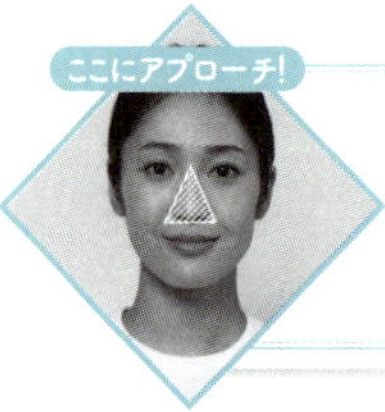

- 鼻 -

姿勢改善
リラックス効果

3回

1 片方の鼻の穴から空気を吸う

片方の鼻を指でふさぎ、もう一方の鼻から空気をできるだけ長く、ゆっくりと脳に向けて吸っていきます。

鼻で呼吸ができず、口呼吸になって
しまっていると、口臭だけではなく、
口の筋肉が硬くなることで
美容にも悪い影響があります。

2 もう一方の鼻の穴からゆっくり吐き出す

1とは反対側の鼻を指でふさぎ、ゆっくり空気を出していきます。これを3回繰り返します。

Method 02

肩甲骨を表からほぐす

鎖骨ほぐし

- 肩 -

姿勢がよくなる
巻き肩が改善する

左右ともに
1スライド
×3回

1 鎖骨の下に指を当てる

鎖骨の内側の付け根部分に、人差し指・中指・薬指を当てます。

巻き肩になるのは、
実は鎖骨部分の筋肉が硬く収縮して
しまっているため。ここをほぐすことで、
肩が開いていきます。

2 指を左右にスライド

指を左右にスライドさせます。硬くなった筋肉を解きほぐすイメージで、やさしく指を動かしてください。

Method 03

胸骨を表からほぐす

みぞおちほぐし

- 肩 -

姿勢がよくなる
巻き肩が改善する

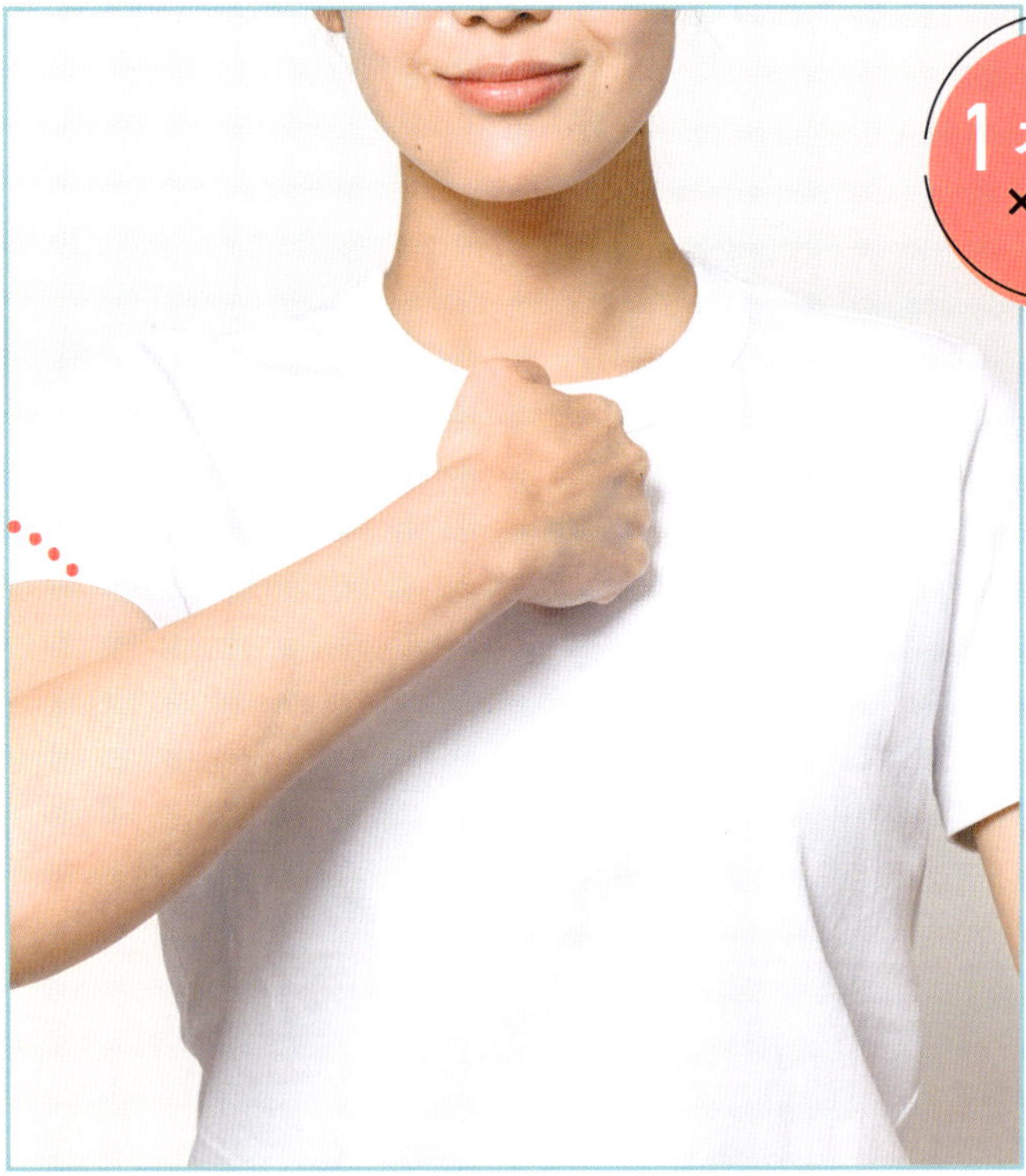

1スライド
×3回

1 鎖骨の間に指を当てる

首の下の、鎖骨の間に「グー」にした拳を当てます。

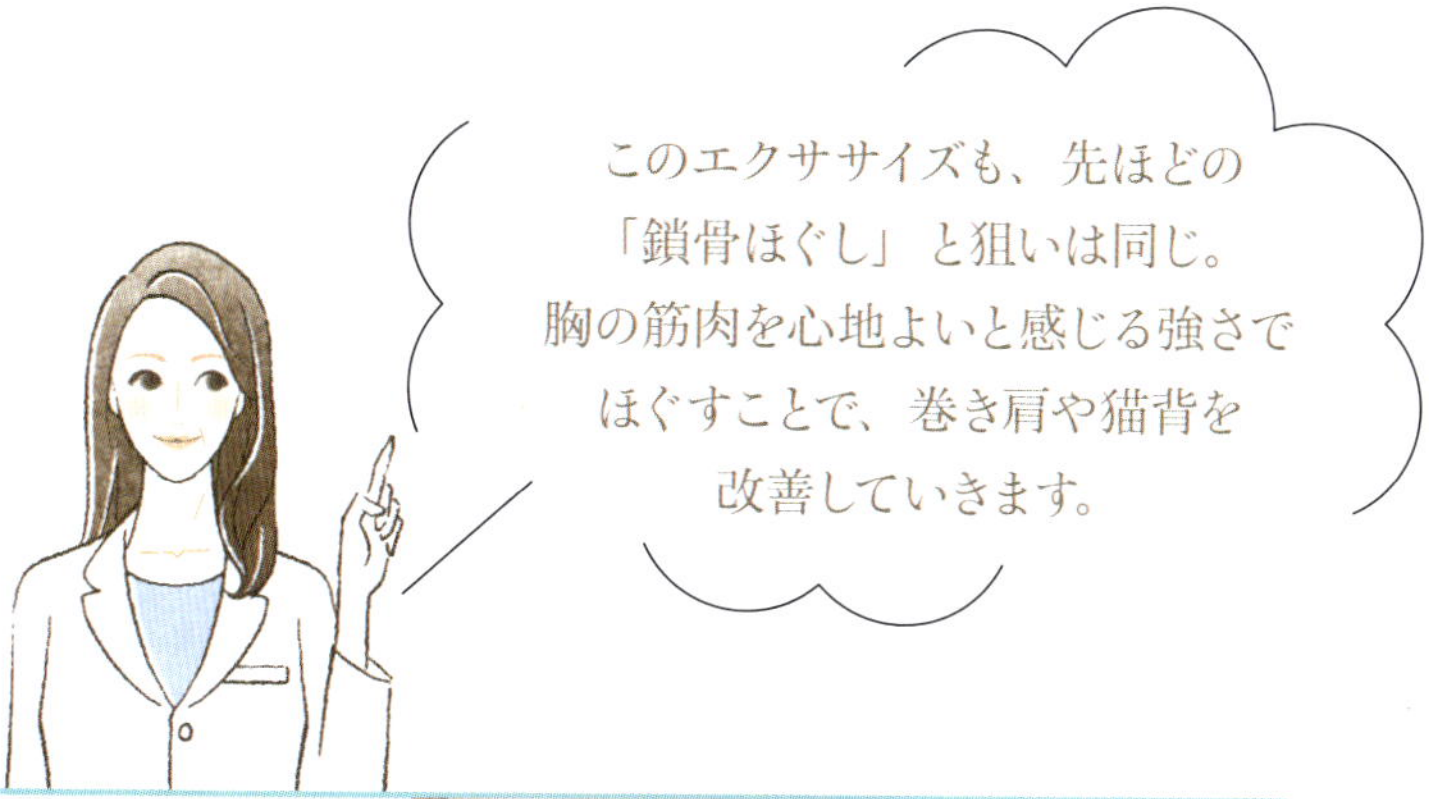

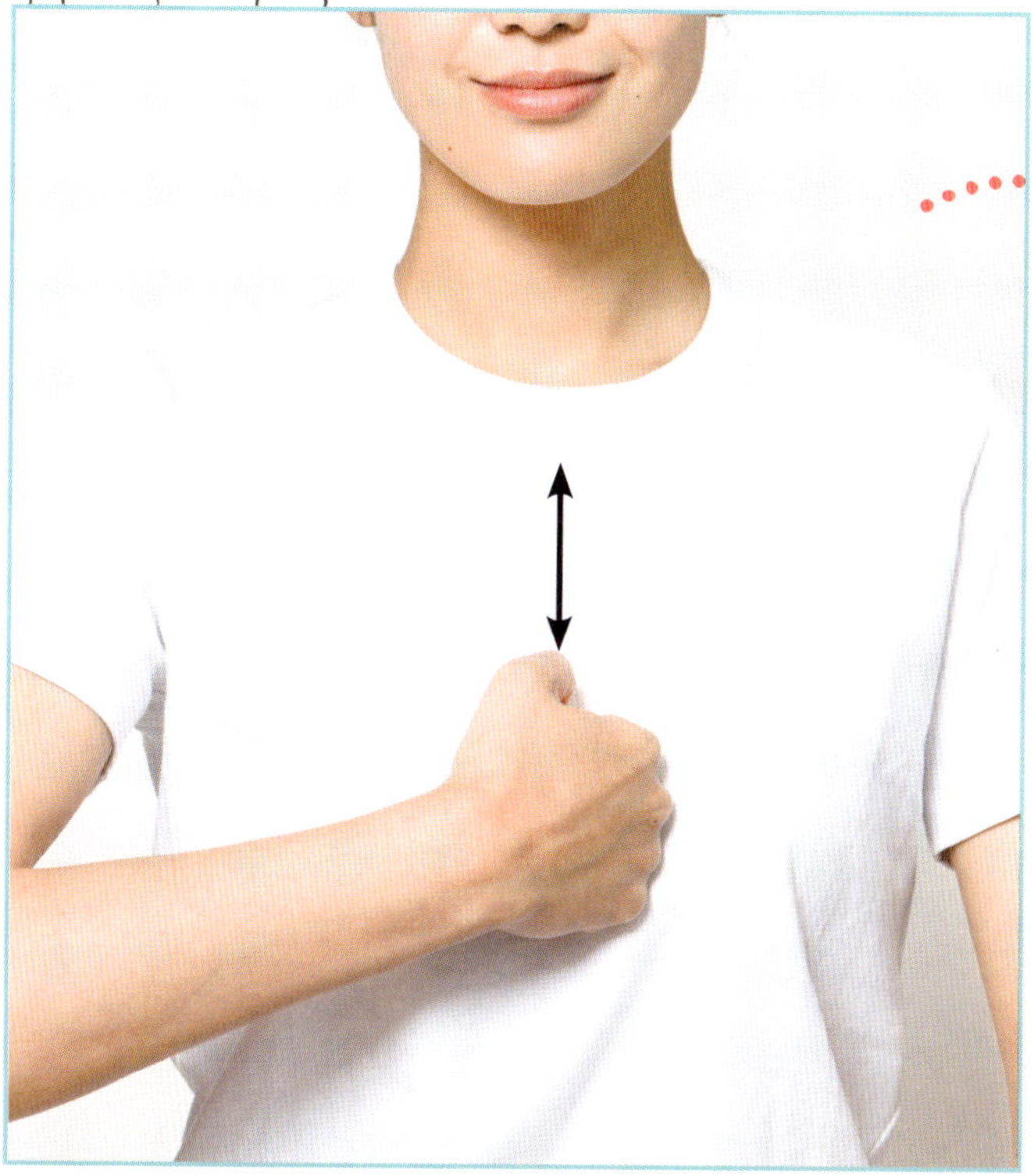

2 拳を上下にスライド

拳を上下にスライドさせます。これを3往復ほど繰り返します。

首から小顔に!

首倒し

- 顔・首 -

首のコリがとれる
小顔になる

左右
それぞれ
3回

1 頭の側面に手を当てる

頭の側面に写真のように手を添えます。

首の筋肉をほぐすことで、
つながっている顔の筋肉も
ゆるめるのがこのエクササイズ。

余裕がある人は
斜め方向にも
倒してみましょう！

2 頭を真横に倒していく

手で頭を引っ張り、横に倒していきます。首を倒すのではなく、あくまで手の重みで引っ張ります。

Method 05

肩こりを楽にする

脇ほぐし

-肩- 肩こりが軽くなる
片頭痛の改善

3秒
×3回

2本の指で腕の前と後ろの両側の筋肉をほぐす

人差し指と中指で腕の付け根の筋肉を挟み、ゆっくりと押してほぐします。写真は前側ですが、後ろ側の筋肉もほぐします。

首はあまりいじらない

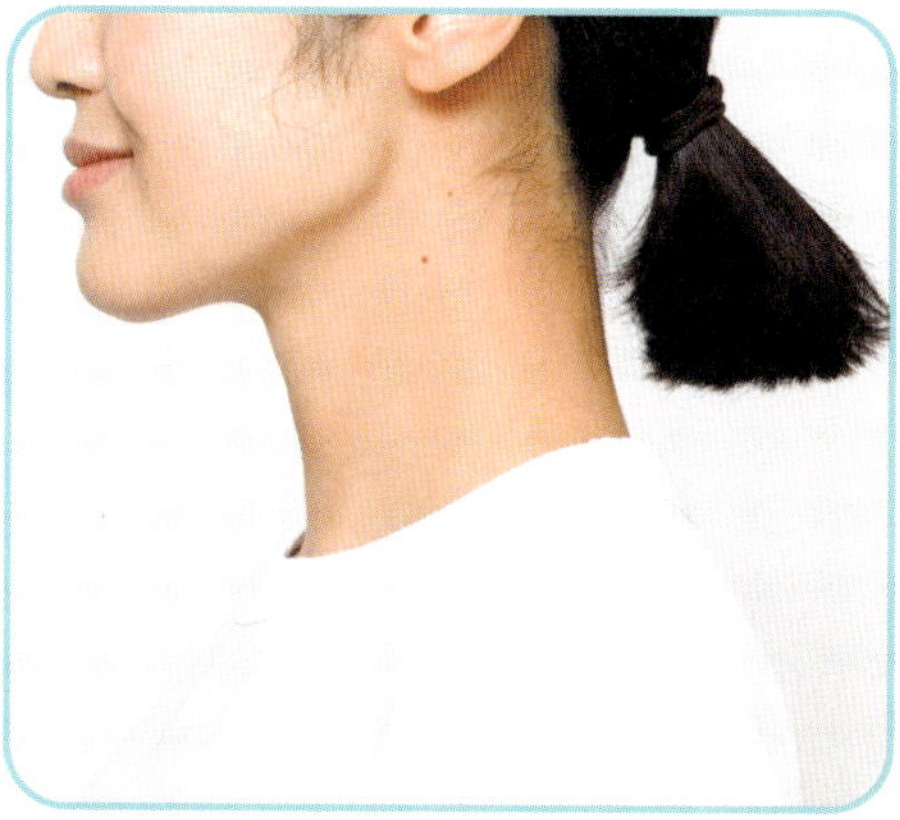

首には頸動脈や主要な神経など大事なものがたくさんあります。ですから、首が凝ったりしていても、首を強く刺激したりマッサージをすることは避けましょう。それよりも、首とつながっている肩や頭の筋肉をほぐすことをおすすめします。

全身の筋肉はつながっている

普段は意識しづらいのですが、さまざまな筋肉はそれぞれが独立しているわけではなく、つながり、連動しています。首から背中にかけての筋肉の一部だけでも、このイラストのようにたくさんあります。したがって、ある場所の筋肉をほぐすと、その効果はつながっている別の筋肉にも波及していきます。

肩甲胸郭関節の筋

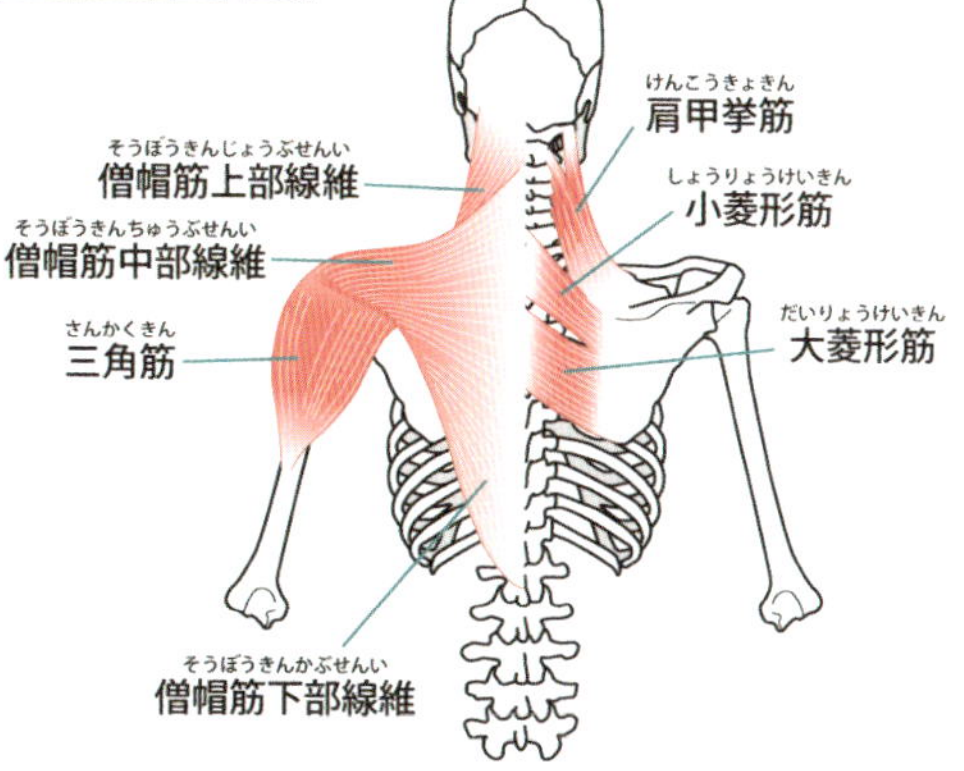
肩甲挙筋《けんこうきょきん》
僧帽筋上部線維《そうぼうきんじょうぶせんい》
小菱形筋《しょうりょうけいきん》
僧帽筋中部線維《そうぼうきんちゅうぶせんい》
三角筋《さんかくきん》
大菱形筋《だいりょうけいきん》
僧帽筋下部線維《そうぼうきんかぶせんい》

Method 06

肩こりを楽にする

肩ほぐし

- 肩 -

肩こり改善
姿勢がよくなる

3回

1 手のひらを外に向けてバンザイをする

両手をまっすぐ上に上げ、手のひらを外側に向けます。

腕をまっすぐ上げるだけでも
ストレッチ効果はありますが、
手のひらを回しながら肩を下ろしてくる
ことで効果は倍増します。

中
外
中
外

2 手のひらを回しながら下ろしていく

手のひらを「外」→「中」→「外」……と回しながら、腕が水平になるまでゆっくりと下ろします。同じ動作を3回繰り返します。

肩をリラックス

肩甲骨寄せ

-肩- 肩こり改善
猫背の改善

3回

1 腕を「Y」の字に広げる

両手を斜め上にまっすぐ上げます。腕が曲がらないように注意してください。

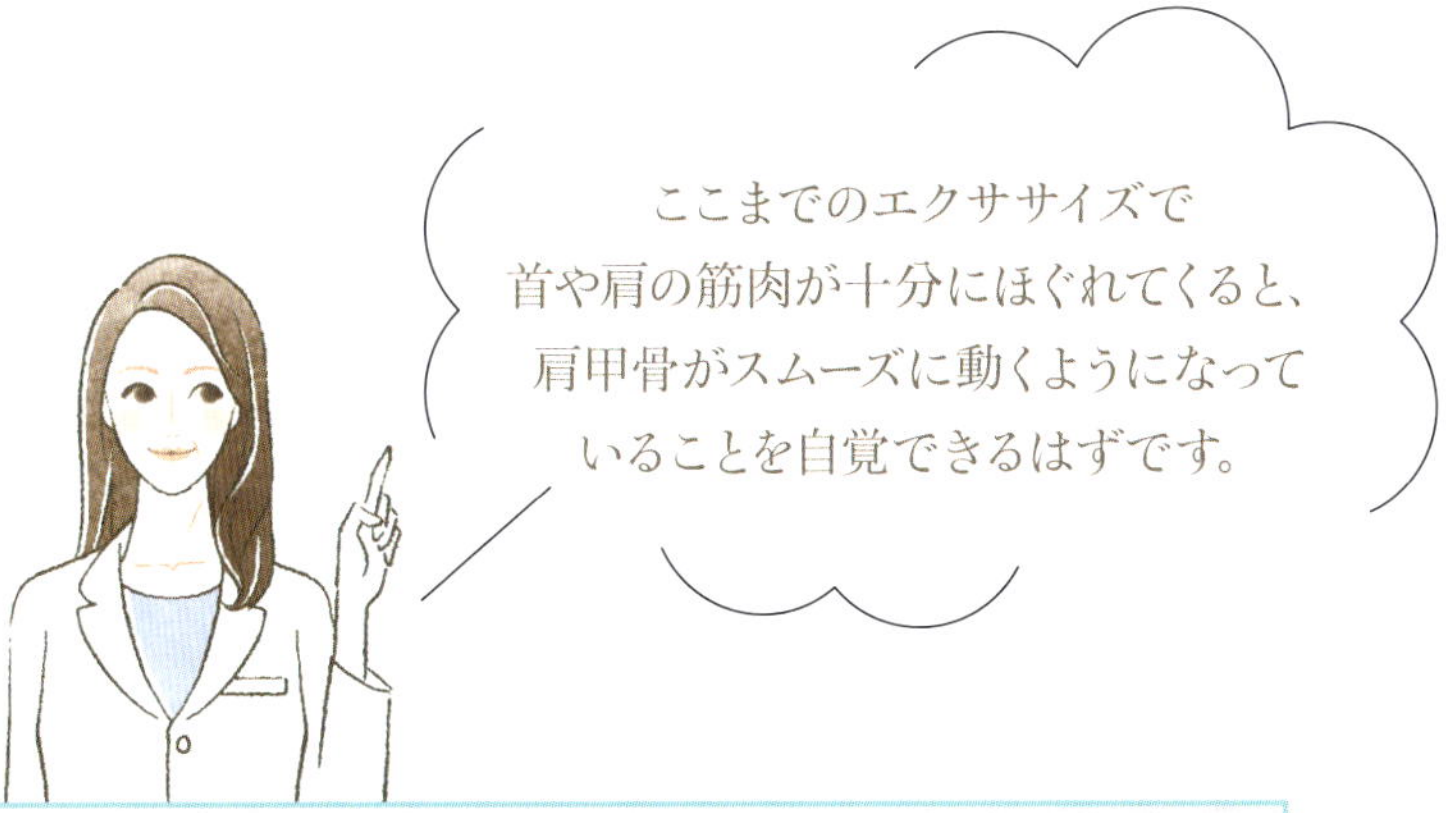
ここまでのエクササイズで
首や肩の筋肉が十分にほぐれてくると、
肩甲骨がスムーズに動くようになって
いることを自覚できるはずです。

2 肩甲骨を寄せていく

肘と肘を背中の後ろでくっつけるイメージで、肩甲骨を寄せます。限界まで寄せたら3秒キープ。この動きを3回繰り返します。

Method 08

下半身を楽にする

腰割り

- 腰 -

腰痛が楽になる
脚の動きがスムーズになる

3回

1 足を開く

肩幅よりやや広いくらいに足を開きます。

腰の筋肉をゆるめつつ、
股関節を柔らかくできる一石二鳥の
エクササイズです。腰に痛みがある方は
無理せず、ゆっくりと行ってください。

2 腰を下ろしていく

ゆっくりと腰を下ろします。膝の角度が90°になったらストップ。この動きを3回、繰り返します。

Method 09

姿勢がよくなる

基本の股関節ほぐし

- 腰 - 腰痛が軽くなる
姿勢改善

片脚につき
3回

1 壁に手をついて立つ

広い場所に立ち、壁に手をつきます。

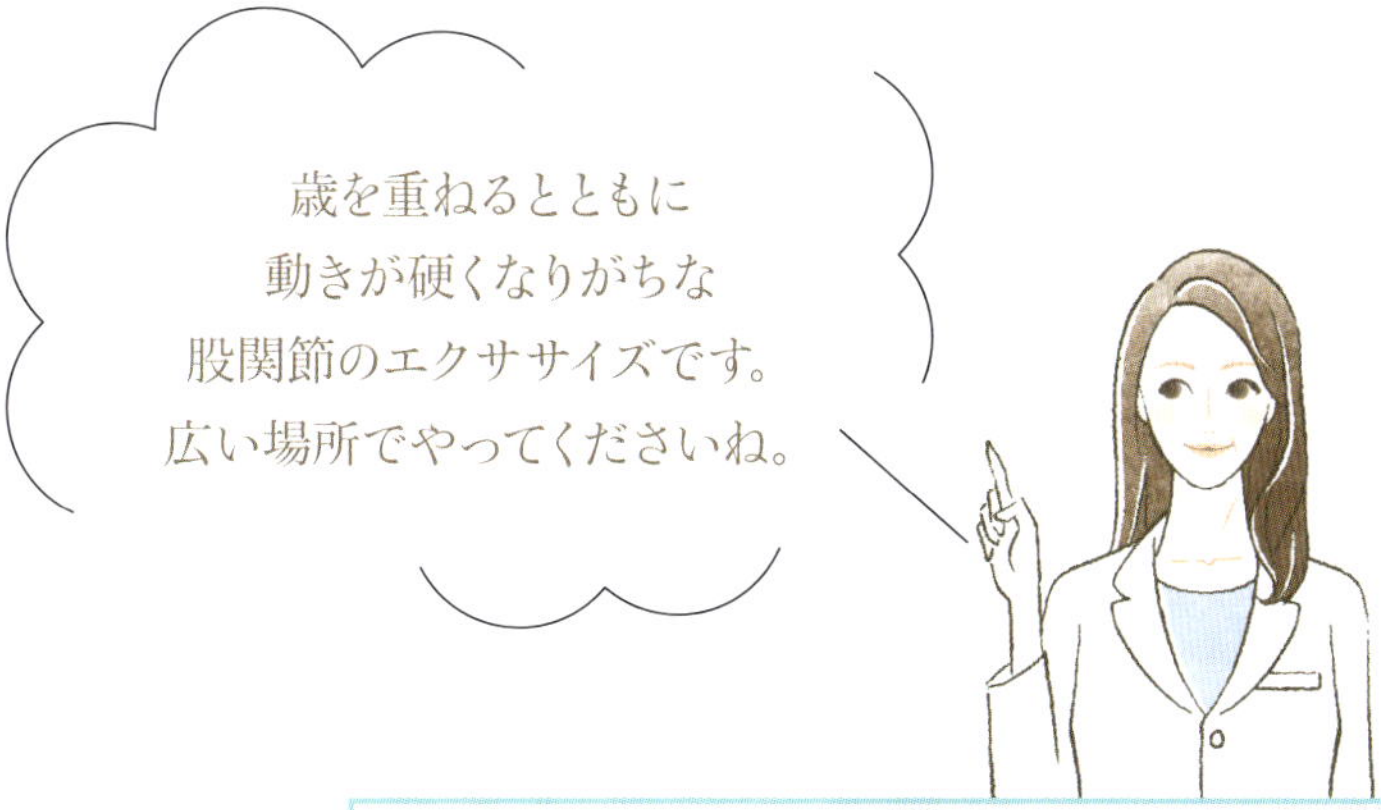
歳を重ねるとともに
動きが硬くなりがちな
股関節のエクササイズです。
広い場所でやってくださいね。

2 脚を横に振り上げる

脚を写真の位置くらいまで振り上げ、元に戻す。この動きを3回繰り返す。

背筋が伸びる

股関節回し

- 腰 -

腰痛が軽くなる
姿勢改善

片脚につき
3回

1 膝を前に持ち上げる

広い場所に立ち、壁に手をつきます。膝を前方に上げていきます。

股関節が硬くなると
下半身の血流が悪化し、
冷えやむくみにつながることもあります。
また、姿勢が悪くなる方もいますね。

2 足を時計方向に回す

1で持ち上げた足を時計方向に回します（左足は反時計回り）。これを3回繰り返します。

Column_03

お口の中にも美容習慣を。
——そんな思いが詰まった口腔美容ジェル「ルピカ」

お口のセルフケアで、心身の美と健康を。

口腔内のケアをより身近な習慣にしてほしいという想いから、歯科矯正を通じた長年の知見をもとに開発したのが、口腔美容ジェルの「ルピカ」です。

じつは、口の中は全身の皮膚や粘膜と比べて、成分の吸収率がとても高い場所。だからこそ、安心・安全にこだわり、皆さんの体にとって「本当によいもの」をお届けできるようこだわりました。研磨剤や発泡剤を含まず、植物由来の成分で作られており、お子さんから大人まで安心して使える口腔美容ジェルです。

95%以上の美容成分が口腔内の粘膜から浸透し、老け顔にもつながる歯茎痩せを予防し、ハリのある若々しい口元をつくってくれます。

夜の歯磨き後、適量を口腔内に塗布し、口内マッサージジェルとしてご使用ください。また、通常の歯磨き用ジェルとしてもお使いいただけます。毎日使うことで美容ケアにつながるのです。

この本を読んで、「ルピカ」に興味を持ってくださる方が増えたらうれしいです。

第3章

美と健康は
お口の中から
作られる

理想の笑顔を叶える 10のこと

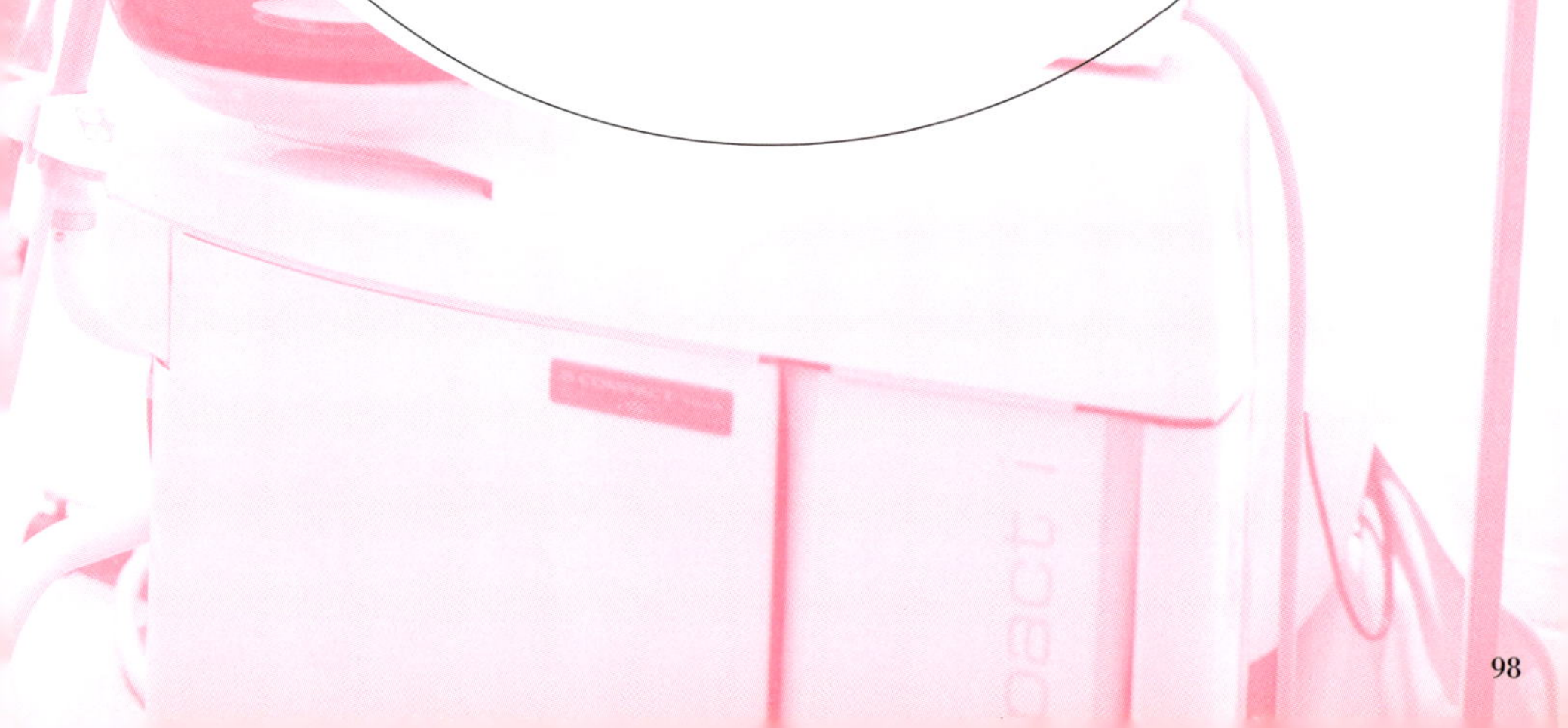

美は日々の積み重ねから

美しさは、日常によって作られます。
きれいになりたい方に向けた、
知識と考え方をお伝えします。

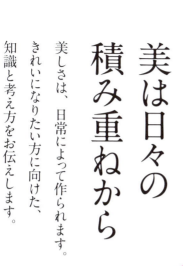

唾液チェックで全身の状態がわかる

唾液を理想的な状態に保つことは、口の健康を維持し、全身の健康によい影響を与えるために重要です。

唾液の量や質は消化、免疫、口腔内の環境維持に深くかかわっています。量は、安静時は1分間に0．3〜0．5㎖、刺激時には1分間に1〜2㎖。唾液の分泌量が少ないと口腔乾燥症（ドライマウス）を引き起こし、虫歯や歯周病のリスクが増加します。

理想的な唾液は、透明で無色です。口を開けたときに、唾液が糸を引いたりしませんか？　唾液はストレスが多かったり、緊張が多かったりするとネバついてきます。また、舌や歯が汚れていると、透明ではなく濁ってくるのです。

口と全身はつながっています。だから、美しさと健康はお口の中から作られるといえるのです。ぜひ、本書の唾液チェックリスト（11ページ）をやってみてください。毎日を健やかに過ごすために、自分自身のお口の中の健康状態を知っておくことが大切です。

Dr Yasuyo のひとこと

唾液にも質があります。**よい唾液は、透明でサラサラとしています。**唾液がネバネバしている方は、ストレスや口内環境に要注意です。

唾液こそ最高の美容液

いくつになっても唾液はしっかり出せるのですが、大人になると唾液が減ってしまう人が多いようです。その主な原因は、口呼吸や顔周りの筋肉が硬くなること、さらには血流が悪くなることなどが考えられます。

唾液は、「舌下腺」「顎下腺」「耳下腺」という3つの唾液腺から分泌されます。たとえば、舌の下に指を軽く押し当てると、じわっと唾液が出てくるのを感じるかもしれません。顎下腺も最初は少し硬く感じることがありますが、毎日ほぐすと、だんだん唾液が出やすくなります。また、耳下腺からの唾液は少量ですが、リラックスした状態で軽くマッサージしてみるといいでしょう。

唾液を出すことにはさまざまなメリットがあります。その一つが、副交感神経の働きを高めること。副交感神経はリラックスしているときに働く神経で、唾液の分泌を促します。一方、緊張やストレスで交感神経が優位になると唾液は出にくくなります。自律神経と唾液分泌が密接な関係にあるからこそ、唾液を意識的に出すことは、自律神経を整えることにもつながるのです。

さらに、唾液には免疫力を高める成分やアンチエイジング効果のあるパロチン、食べ物の消化を助けるアミラーゼなどが含まれています。アミラーゼは胃に届く前に食べ物を分解し、胃腸の負担を軽減する役割を果たします。

唾液については顔周りの筋肉も重要なポイントです。副交感神経が優位になると筋肉は柔らかくなりますが、緊張すると交感神経が働き、筋肉がこわばります。顔周りの筋肉をほぐしてあげると、唾液が出やすくなるだけでなく、自律神経のバランスも整いやすくなります。また、口内の健康は全身ともつながっていて、女性特有の健康にも影響を与えるといわれています。

Dr.Yasuyoのひとこと

唾液を意識的に出すことは、**自律神経を整え、免疫力や消化機能を高める効果があります。**唾液腺や顔の筋肉をほぐす習慣を取り入れることで、健康維持やリラックスにつながるので、ぜひ試してみてください。

朝起きたら、まず、うがい

朝起きたら、まずうがいをすることが大切です。喉の渇きを潤すために、起きたらすぐに飲み物を摂る人も多いと思いますが、グッとこらえて、最初に洗面所へ向かってくださいね。

なぜかというと、一日のうち、私たちの口の中に最も菌が多いタイミングが起床時だからです。睡眠時は唾液の量も減り、菌が繁殖しやすい環境に。眠りについた3時間後からお口の中の菌が増加し、朝起きる頃に菌は飽和状態です。さらに免疫力が低下すると、悪玉菌である歯周病菌が増加する傾向にあります。歯周病菌は、歯茎の血管から血流に入り込み、全身を巡ることで他の臓器に感染を広げる可能性があります。そして怖いことに、口から全身に広がった菌が悪さをすることで、認知症、心筋梗塞、糖尿病、誤嚥《ごえん》性肺炎などのリスクを高めることにつながるのです。

歯周病菌が体内に入るのを防ぐためにも、朝起きたら「まず、うがいをする」習慣を身に付けましょう。口の中をうがいでお掃除して、毎朝すっきり！

Dr Yasuyo のひとこと

夜寝ている間に増える歯周病菌を、**朝起きたらすぐに、うがい**をしてお口の中をきれいにお掃除しましょう。食べる前、飲む前の朝うがいが大切です。

毎日の積み重ねがあなたの顔を作る

日々の習慣や癖、舌の位置、姿勢が、あなた自身の顔を作っています。歯と歯が常に接触していると、交感神経系が優位になり、お顔の表情が硬くなります。食いしばりによる老け顔、たるみ、頬杖をつく癖も、顔のゆがみを引き起こすため、注意が必要です。

舌の位置も顔に大きく影響します。唾液を飲み込むとき、舌の先がどこにありますか？　舌が常に歯を押していると、歯並びが悪くなったり、話しづらくなったりすることがあります。舌は常に上あごを押していることが大切です。このことを意識することで姿勢が正しくなり、首が前に出ることを防ぎます。顔のゆがみなどの原因となる間違った癖を見直し、美しい顔を作るために、身体によい習慣を日々心がけて過ごしましょう。

毎日頑張っている自分の筋肉（口の中では特に咬筋）をほぐし、癒やしてあげること、そして、笑顔のある毎日を積み重ねていくことも大事です。これこそが、セルフケアの本質です。

Dr Yasuyo のひとこと

顔や骨格は日々の習慣や舌の位置、姿勢などに影響されます。**鼻呼吸や舌の正しい位置を意識し、笑顔や筋肉のケアを続ける**ことで、自然な美しさや健康的な表情が得られます。

目じりの笑いジワは幸福の証

笑ったときに頬が上がり、目じりに笑いジワができるのは、豊かな人生を送っていることの証です。逆に目じりにシワがない人は、顔の筋肉のこわばりなどから十分に笑えていないのかもしれません。

多くの人にとって、年を重ねるごとに現れる顔の変化（シワが増える、顔がたるんでくる、ほうれい線が目立つなど）は悩みの種。そこで大切なのが、習慣としてのセルフケア。顔の筋肉をほぐしたり、首や肩のストレッチやマッサージをすることで、フェイスラインが引き締まって顔全体の幅が小さくなり、ほうれい線や小ジワも目立たなくなってきます。

笑顔の形を変えることでも、気になるシワが自然に見えなくなることもあるのです。口を上下にばかり動かす「縦に笑う」癖を意識して変えることが大切です。日本人は歯を隠そうと縦に笑いがちなのですが、それでは口角が上がりません。

それよりも、大きく口を左右に広げて「横に笑う」ことをおすすめします。

横に笑うことで口角が上がり、顔が引き締まる効果があります。また、目元まで笑顔が届くため、表情も柔らかくなるでしょう。

コロナ禍も一段落しました。マスクを外し、鼻からしっかり息を吸い、横に笑う練習をしましょう。この簡単な動作で副交感神経が優位になり、リラックスした状態を作り出すことができます。毎日の習慣を少し変えるだけで、顔や表情、骨格、さらには考え方や生き方まで整えることが可能なのです。

Dr. Yasuyoのひとこと

笑顔で目じりに笑いジワができるのは、人生の豊かさの証です。**顔の筋肉をほぐすことで、ほうれい線シワも改善できます。**思いっ切りの笑顔で上向きの笑いジワを作っていきましょう。

舌の状態が睡眠の質を左右する

寝る前に唾液で口の中を潤しておくことは、睡眠の質をよくするためにとても重要です。唾液が分泌されることで、寝ている間の喉の乾燥を防ぎ、喉の痛みやイガイガなどの不快感を軽くできるからです。寝ている間に喉が乾燥して痛くなると訴える方は多いですが、唾液が潤滑作用をもたらし、不快感を減らしてくれるのです。

サラサラで質の高い唾液を出すためには、舌の状態や位置が大事です。たとえば、舌が下あごにピッタリくっついて唾液の出口をふさいでしまっていたら、口の中は乾いていきます。

また、寝苦しさの原因となる睡眠時無呼吸症候群やいびきの原因は、舌によって気道が圧迫されるためです。

このように、快適な睡眠のためには舌がとても重要な役割を果たしています。舌の表面のタッピングや、舌の裏側をほぐして舌の位置を正すことは、舌が喉に落ちるのを防ぎ、呼吸をスムーズにする効果があります。

Dr Yasuyo のひとこと

寝る前に唾液を出すことで、睡眠中の喉の乾燥や痛みを防ぐことができます。

睡眠時無呼吸症候群やいびきも、舌が気道を圧迫することが原因です。舌が眠りの質に影響しているのです。

〝本当に〟正しい歯磨きを知る

歯は常にツルツルに保つことが大切です。しかし、歯を磨きすぎてしまうと表面を傷つけてしまい、逆に汚れがつきやすくなったり、歯周病を引き起こす原因となることがあります。

歯はやさしく磨くことが基本です。歯磨きの目的は歯垢を落とすことですが、歯垢は柔らかいですから、無理に力を入れて磨かなくてもきれいにすることができます。

また、**歯磨きの際は歯茎を傷つけないように気を付けてください**。歯茎は、歯の中の神経と歯槽骨を守る「バリア」のような役割を果たしています。

歯と歯茎の間の「歯周ポケット」は歯ブラシが一本入るかどうかの狭さですから、そこを磨こうとしても多くの場合、無意識に歯茎をこすってしまうことになります。すると歯茎を傷つけ、知覚過敏を引き起こす原因となります。

歯磨きのときは歯茎には極力触れないのが理想です。歯と歯茎の間を無理に磨こうとするのではなく、歯茎に触れないように磨いてください。

Dr Yasuyo のひとこと

歯はやさしく磨き、ツルツルに保つことが大切です。力を入れすぎると歯や歯茎を傷つけ、歯周病や知覚過敏の原因になります。**歯茎をごしごしこすらず、歯の表面の歯垢をやさしく落とすことを意識しましょう。**

歯ブラシは柔らかくて小さいものを

歯磨きで歯を傷つけないために、歯ブラシ選びは大切です。歯ブラシの毛は「やわらかめ」、ヘッドは「小さめ」のものがベストです。歯は一本一本形が異なるため、歯ブラシを使って一本ずつ丁寧に磨くことが大切だからです。

磨き方は、歯の表側は歯ブラシを上下に動かす縦磨きがおすすめです。できれば、一本ずつ円を描くようにやさしく磨きましょう。歯の裏側も同じ意識で丁寧に。時間はかかりますが、自分をきれいにするためのメンテナンスとして、日々行ってみてください。くれぐれも、歯茎をごしごしこすらないように気をつけて。間違ったブラッシングで歯茎が痩せて下がってしまうと、老け顔にもつながります。

フロスや歯間ブラシを使う場合にも同じような注意が必要です。フロスや歯間ブラシを歯に強く押し込んだり、がしがしと使うことは避けましょう。

それから、歯間ブラシを前歯に使うのは絶対にNG。歯と歯の隙間を広げてしまいます。もし使う場合でも、奥歯だけにとどめることをおすすめします。

フロスも、無理にゴシゴシ入れるのではなく、やさしく扱いましょう。

Dr Yasuyo のひとこと

フロスや歯間ブラシはやさしく扱い、歯間ブラシは前歯への使用は避けましょう。**歯ブラシで磨く際には、歯を一本ずつ丁寧に縦磨きや円を描くように磨くことが大切。**

矯正は歯を並べるよりも呼吸を変える

私の矯正治療は、歯を並べることよりも呼吸を変えること。

つまり、口呼吸を鼻呼吸に変えることで、本来あるべき姿に戻しています。そのため、鼻腔の底辺である上あごの骨を広げて、下あごの正しい位置を見つけ、噛み合わせを再構築しています。呼吸を変えると姿勢が変わり、上あごを広げると舌が上あごに付くようになります。つまり、上あごの形が大切なのです。矯正治療を受けなくても、舌を常に上に付けて、自分で上あごの形を正しく育てていくことができます。そのためにも、自分の癖に気づき、正しい上あごの形へ変えていきましょう。

舌を常に鍛える運動も大切です。舌を上あごにつけたまま、お口を開けたりしめたりする運動を毎日気づいたら行ってみてください。最初は、口を開けたときに舌が上あごから離れてしまい、舌を上あごにつけた状態で口を開くのが難しいと感じると思います。そこであきらめず、無理のない範囲で毎日続けていくと、しっかり口を開け閉めできるようになるのです。

【Dr・Yasuyoがおすすめする舌トレ】

①口を閉じた状態で、舌を上あごにつけます。

②舌を上あごにつけたまま、口を開いていきましょう。口を開ける、閉じるの動きを10回くらい繰り返します。

必ず舌が上あごについていることを意識するのがポイントです。この舌トレはお顔のリフトアップ効果にもつながっていきますので、ぜひ頑張ってみてくださいね。

Dr・Yasuyoのひとこと

口呼吸を鼻呼吸に変えるためには、上あごの形が大切だと考えています。自分の舌を使ってトレーニングし、上あごを正しい形に育てていきましょう。

幸福は1本の指から

幸せになるためのスイッチは、すべて自分が持っているのです。特別なアイテムは必要ありません。自分の指で、自分の身体をほぐし、そのことを確かめましょう。1本の指でお顔の筋肉をほぐし、そして、自分の力で唾液をきちんと出せるということを知ることが大切なのです。毎日行うことで、今日より明日、明日より明後日、健康で美しい未来の自分を信じて行動してみてください。「表情が明るくなったね」「最近、きれいになったね」——そんな言葉を周りからかけられるようになるはずです。自分を癒やすセルフケアを毎日の習慣にすることで、一時的ではなく、未来へ続く美しさをつくっていくことができますよ。

自分を知って、自分を愛していきましょう。この本でご紹介するセルフケアで、人生が楽しくなることを心から願っています。

美しさとは健康の上に成り立っているものです。自分の指1本で、お口の中から健康と美を手に入れましょう。

Dr Yasuyo の

必要なのはあなたの指だけ！　誰でもお金をかけずにやさしく口内のケアができます。そして、顔はそういった日々の積み重ねによって美しく変化するのです。

- 1 WEEK CALENDAR -

実践したメニューを１週間ごとに振り返ることができる書き込み式カレンダーです。
日々の積み重ねが目に見えると、モチベーションもアップするはず！

Day	メニュー内容		
	Morning	Afternoon	Evening

- 1 WEEK CALENDAR -

Day	メニュー内容		
	Morning	Afternoon	Evening

- 1 WEEK CALENDAR -

Day	メニュー内容		
	Morning	Afternoon	Evening

- 1 WEEK CALENDAR -

Day	メニュー内容		
	Morning	Afternoon	Evening

おわりに

Dr.Yasuyo式小顔メソッドはいかがでしたか？

誰でも、いつでも、どこでも実践できるよう、

特別な道具を使わないメソッドを取り上げました。

自分の指で顔周りの筋肉をほぐし、舌の位置を正す——これを続けていくことで、

顔がリフトアップ、小顔美人になれるだけでなく、

全身のバランスも整っていきます。

実際にお口の中を触ってみると、

「ここは少し痛みを感じるな」「何か凸凹があった！」など、

新鮮な発見があったかと思います。

健康と美しさを手に入れる第一歩は、

自分を知ること。

その発見は、自分自身と向き合う大切なエッセンスになるはずです。

毎日、頑張っている自分の筋肉の疲れや緊張をゆるめて、
癒やしてあげることで、本来の健康と美しさを育てていきましょう。

健康と美しさは、日々の積み重ねから。
だからこそ、自分自身へのケアと愛が大切です。
この本を通じて、一人でも多くの方の
〝素敵な笑顔〟が生まれることを心から願っています。

２０２５年1月吉日

三上康代

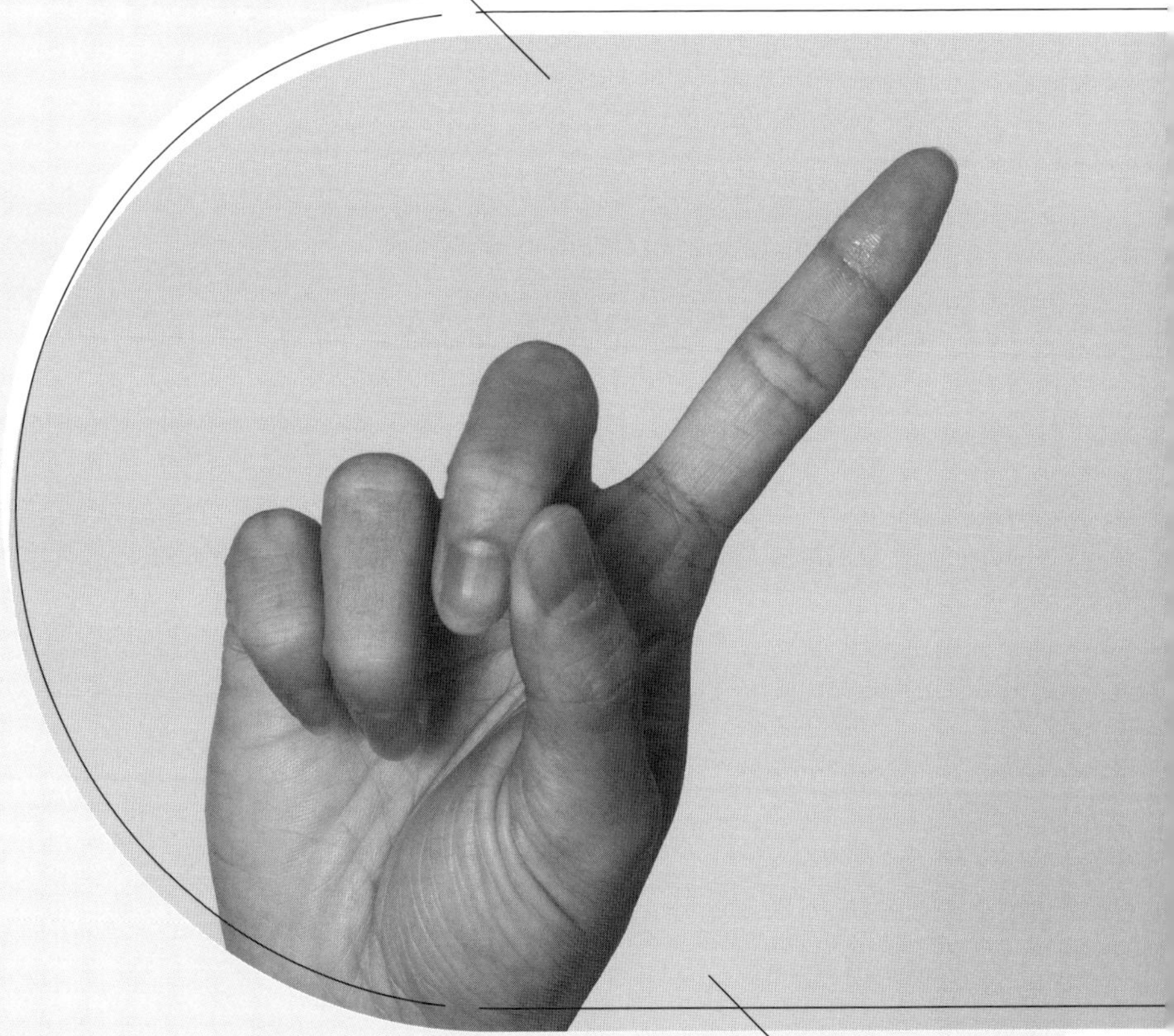

Profile

三上康代 みかみ・やすよ

青山高橋矯正歯科医院院長。歯学博士。日本矯正歯科学会認定医。日本大学歯学部卒業。2004年、東京・南青山にて現医院を開院し21年目を迎える。見栄えのためだけではなく、一生使える歯並びにする矯正で人気。多くの患者さんと向き合いながら、口内環境を整え、顔立ちまで若返るメソッドを提案する。日本テレビ系『世界一受けたい授業』やフジテレビ系『突然ですが占ってもいいですか?』の医療監修をはじめ、テレビや雑誌などのメディアでも活躍。

staff

ブックデザイン	小椋由佳
撮影	加藤陽太郎（アップハーツ）
モデル	福井リエ（FLOS）
イラスト	カミグチヤヨイ
取材・執筆	佐藤 喬
編集協力	田代貴久（キャスティングドクター）
編集	田中早紀

口の中をほぐせば小顔美人になれる！
名医が教える30秒メソッド

2025年1月24日　第1刷発行

著　者　三上康代
発行人　関川 誠
発行所　株式会社宝島社
〒102-8388　東京都千代田区一番町25番地
電話：営業　03-3234-4621
編集　03-3239-0646
https://tkj.jp
印刷・製本　サンケイ総合印刷株式会社

ISBN 978-4-299-06301-4